Aan de rand van opwekking

Bewerking: Joyce Karg
Vormgeving: Robin Prijs
Uitgever: Stichting LoveUnlimited Ministries

De in dit boek gebruikte Bijbelvertaling is de HSV, tenzij anders aangegeven.

Contactgegevens:
LoveUnlimited Ministries
De Vlijt 45
4261 XA WIJK EN AALBURG
The Netherlands

Telefoon: 087 784 6565
E-mail: publications@love-unlimited.org

Website:
www.love-unlimited.nl

AAN DE RAND VAN

OPWEKKING

Robin Prijs

INHOUD

VOORWOORD

In de zomer van 2016 gaf God mij de opdracht om een reeks van thema-avonden over het onderwerp opwekking te gaan organiseren. Veel mensen verwachten en zien uit naar een enorme opwekking die over de aarde gaat komen. Maar wanneer ik luister naar wat veel mensen dan precies verwachten, wanneer ze spreken over opwekking, dan kan ik daar nauwelijks een authentieke opwekking in herkennen. Het tegenwoordige beeld van opwekking is, in de meeste gevallen, zeer verschillend van Gods perspectief en van de afgelopen opwekkingen. Een authentieke opwekking is geweldig en het is het beste wat de gemeente kan overkomen. Het zal grote vreugde, tekenen en wonderen brengen. Dat is allemaal waar. Maar deze dingen zijn niet het doel. Ze zijn een vrucht van het proces van opwekking. Maar wanneer we een ware opwekking niet leren te herkennen en daar op gepaste wijze op te reageren, dan zullen we het missen en zullen al die dingen aan ons voorbijgaan. Is dat mogelijk? Ja. Is dat in het verleden ook gebeurd? Vele malen. Zonder dat we het ons realiseren. Daarom ben ik begonnen aan een reis door de Bijbel, om dit onderwerp te bestuderen en om mensen daarover te onderwijzen. Dit resulteerde in tien thema-avonden, welke wij de "Pre-Revival Nights" noemden. Dit boek is een uitgebreide omschrijving van de onderwerpen die we tijdens deze avonden hebben behandeld.

Er zijn veel mensen die verlangen naar een opwekking in hun natie en ik bewonder hun enthousiasme en ambitie. Het is altijd iets goeds om mensen aan te moedigen daarvoor te gaan. Maar, zoals met alles, moeten ook de kosten berekend worden. En dan heb ik het niet over financiën. Wanneer ik een nieuwe onderneming wil starten, dan zijn er veel zaken die ik moet overwegen. Ik kan niet alles precies zo doen zoals ik dat wil. Ik zal moeten kijken naar de manier waarop zaken gedaan worden en ik zal me daaraan aan moeten passen. Als ik wil slagen, dan moet ik bestuderen hoe anderen het doen, waarom zij succesvol zijn en hoe ik dit praktisch kan toepassen. Maar eerst moet ik bepalen wat mijn doel is. Ik kan niet zomaar beginnen en maar zien waar we uitkomen. Het begint met een goed ondernemingsplan. Waar ben ik nu? Waar wil ik naartoe? Hoe kom ik daar? Als onderdeel van mijn ondernemingsplan heb ik ook een goed financieel plan nodig. Anders kan ik nooit iemand vinden die bereid is om in mijn plan te investeren. Wanneer ik een onderneming start, dan wil ik die niet alleen starten. Ik wil deze opbouwen en behouden. Daarom heb ik een plan nodig dat mij helpt om alles succesvol en draaiend te houden. Dat betekent dat ik niet alles kan doen wat ik wil. Ik moet kijken naar de vraag en het aanbod op de markt. Ik moet me aanpassen aan de manier waarop men zakendoet, als ik wil overleven.

Het moge duidelijk zijn dat opwekking geen onderneming is. Ik gebruik dit als een voorbeeld, omdat er veel gelijkenissen zitten in de manier van denken en handelen. Opwekking zal niet zomaar automatisch verschijnen. Het is niet slechts wachten totdat de Heer het gaat doen. Hij heeft het initiatief reeds genomen en opwekking is reeds beschikbaar. Dus de vraag die we onszelf moeten stellen is: "Waarom hebben wij het nog niet?" Net zoals bij het starten van een onderneming, moeten we onszelf dezelfde vragen stellen, wanneer het aankomt op opwekking:

Waar zijn we nu?

We bevinden ons in een voornamelijk krachteloze generatie. In de meerderheid van de kerk is er geen (blijvende) verandering, geen echte kracht en slechts een klein aantal wonderen en tekenen zichtbaar. Het is zeer duidelijk dat wij verre zijn van waar de eerste gemeentes waren. De meerderheid van de kerken van vandaag de dag zijn ver beneden het niveau wat de eerste gemeentes hadden bereikt, terwijl zij nog maar net het basisniveau van Christendom hadden bereikt. Zij hadden niets extreems of onmogelijks, maar slechts de basis van het Christelijk geloof. Wanneer we de Bijbel lezen dan wordt het pijnlijk duidelijk hoeveel wij vandaag de dag missen. Ik zeg niet dat wij tegenwoordig niets hebben, want er zijn wel gemeentes die hetzelfde bereikt hebben of daarnaar op weg zijn, maar het is een minderheid. Voor mij is het onmogelijk dat er echte kracht is, wanneer mensen decennia lang naar de kerk gaan en precies hetzelfde blijven. Geen echte verandering. Echte kracht zal altijd echte verandering voortbrengen. Wanneer de kracht van God aan het werk is, dan blijft niemand hetzelfde. We zijn dus op een plaats waar we niet willen blijven.

Waar willen we naartoe?
Dat is een uitstekende vraag. In plaats van blindelings af te wachten totdat God een opwekking gaat geven, moeten we onszelf afvragen waar we nu echt naartoe willen? In het geval van een authentieke opwekking is er maar één antwoord mogelijk: naar Gods standaard. Dat is een standaard van echte kracht en verandering. Het leven en de bediening van Jezus Christus waren daarvan het ultieme voorbeeld. De eerste gemeentes waren op het basisniveau en ontwikkelden zich verder, groeiende naar hogere en volwassenere niveaus van Christendom. Ja, ze hadden hun fouten en zondes, en we kunnen daar een hoop van leren. Maar zij lieten zien dat het mogelijk is. Het resultaat, of de vrucht, van een authentieke opwekking is niet iets buitengewoons, maar het bereiken van Gods standaard. Gods 'normaal'. Dat is het soort normaal waar redding, genezing, bevrijding en herstel niet gelimiteerd worden tot 'speciale diensten', maar waar deze zaken het nieuwe normaal worden tijdens iedere dienst, iedere samenkomst en ieder moment in ons dagelijks leven. Zodat mensen Jezus Christus door onze levens heen kunnen zien, wat ons een levend getuigenis maakt, in plaats van alleen maar wat lege woorden. Dat moet het doel zijn.

Hoe komen we daar?
Dat is het gedeelte waar veel Christenen Jesaja 40 gaan

citeren, het gedeelte waar staat dat we moeten wachten totdat de Heer iets gaat doen. Vers 31 begint met de woorden "maar wie de HEERE verwachten" of "maar wie op de HEERE wachten", dus dat doen de meeste mensen. Terwijl ze gewoon doorgaan met de normale gang van zaken. Ondertussen is dat precies wat vrijwel iedereen in deze natie blijft doen, terwijl er al ruim 250 jaar niets meer gebeurd is. Als we een onderneming zouden starten, dan zouden we kijken naar hen die gefaald hebben en naar hen die succes hebben, om daarvan te leren. We zouden kijken naar welke wetten op ons van toepassing zijn en naar de voorwaarden die de overheid aan ons stelt. Als we dat niet zouden doen, dan zouden we onszelf aardig in de problemen werken. Iemand maakte ooit eens een zeer accurate opmerking: "Wanneer u hetzelfde blijft doen, opnieuw en opnieuw, verwacht dan geen verschillend resultaat. Wanneer u een ander resultaat wilt, dan moet u dingen anders gaan doen." Dat is zo waar. Om bij ons doel te komen, in de richting van Gods standaard, zullen we dezelfde principes toe moeten passen. Welke 'wetten' zijn er op ons van toepassing en wat zijn Gods voorwaarden? We hebben een Bijbel vol antwoorden. Waarom hadden sommige mensen wel en anderen geen succes? We hebben geschiedenisboeken vol antwoorden. Hoe moeten we al die kennis toepassen op het hier en nu? We hebben de Heilige Geest, Die beschikbaar voor ons is en meer dan bereid is om ons de juiste richting te laten zien.

Wanneer we een onderneming zouden beginnen, dan zouden we al deze vragen in overweging nemen. Niemand wil falen. Maar wanneer het op het onderwerp opwekking aankomt, dan blijven we hetzelfde gedrag maar herhalen en herhalen, zonder enige resultaat. En niemand vraagt zich af waarom. Als opwekking een onderneming zou zijn, dan zou iedere wijze zakenman ons gek en onverantwoordelijk verklaren. Denk daar eens even over na. Stel uzelf dan eens de vraag of u echt blindelings in dezelfde richting wilt blijven gaan? Maar dan presenteert het volgende onderwerp zich: de kosten.

Ieder goed ondernemingsplan bevat een goed financieel plan. In het geval van opwekking hoeft u geen geld te betalen om het te krijgen. Het kan niet gekocht worden met geld. Maar het kost wel wat. En u moet er zeker van zijn dat u klaar bent en bereid bent om ervoor te betalen. De meeste mensen zeggen dat het allemaal genade is en dat we alles al hebben ontvangen. Maar dat is niet wat de Bijbel zegt. Door genade bent u gered, door geloof. Dat is waar. En genade betekent dat u iets heeft ontvangen dat u niet verdient. Maar dat is redding. Niet alles wordt gegeven. Feitelijk moeten veel dingen zelfs 'gekocht' worden. In het boek Openbaring nodigt Jezus ons uit om van Hem te kopen. Dat is niet gratis, het kost dus iets.

Ik raad u aan dat u van Mij goud koopt, gelouterd door het vuur, opdat u rijk wordt, en witte kleren, opdat u bekleed bent en de schande van uw naaktheid niet openbaar wordt. En zalf uw ogen met ogenzalf, opdat u zult kunnen zien.
Openbaring 3:18

Jezus heeft het hier niet over echt natuurlijk goud of geld. Maar Hij spreekt over iets dat gekocht moet worden en Hij is de Verkoper. Wanneer we het over een authentieke opwekking hebben, dan spreken we over het vuur van de Heilige Geest. Dat is het vuur waar Jezus het over heeft. Wij zijn het goud, maar we moeten gelouterd worden in het vuur van de Heilige Geest. Alleen Jezus kan dat doen, want Hij is Degene Die doopt in de Heilige Geest en in vuur (Mattheus 3:11). Ook het Oude Testament spreekt over het vreemde fenomeen van kopen zonder geld.

O, alle dorstigen, kom tot de wateren, en u die geen geld hebt, kom, koop en eet, ja, kom, koop zonder geld, zonder prijs, wijn en melk.
Jesaja 55:1

Toch zijn er kosten! Het zegt niet "kom en ontvang", maar het zegt "kom en koop". Wat zijn de kosten?

Zoek de HEERE terwijl Hij te vinden is, roep Hem aan terwijl Hij nabij is. Laat de goddeloze zijn weg verlaten, de man van ongerechtigheid zijn gedachten. Laat hij zich bekeren tot de HEERE, dan zal Hij Zich over hem ontfermen, tot onze God, want Hij vergeeft veelvuldig.
Jesaja 55:6-7

God wil ons voor Zichzelf. Helemaal. Zelfs tot het niveau van onze harten en gedachten. Hij wil overal in betrokken zijn. Wanneer we onze harten en levens aan Hem overgeven, dan zijn onze zonden vergeven. Maar bekering, wat letterlijk "verandering van denken" betekent, is een proces en niet slechts een eenmalige gebeurtenis. Het gaat diep. Het betekent dat dingen zoals "Ik wil, ik verlang en ik voel" op de tweede plaats komen. Wat Hij wil, wat Hij verlangt en wat Hij voelt komt op de eerste plaats. Dat betekent dat het ons iets van onszelf kost. Feitelijk kost het ons alles. Ons hele leven. Dat confronteert u met een vraag. Bent u het type Christen dat alleen maar een vrijkaartje naar de Hemel wil? Of wilt u – vanaf nu – echt voor Hem leven?

Opwekking is niet goedkoop. Het is de meest effectieve manier om een keer te brengen in de huidige omstandigheden, maar het is ook duur. Het vereist veel meer dan alleen maar "op de HEERE wachten". Het soort wachten dat God van ons verlangt is een actieve vorm van wachten en geen passieve vorm. Het betekent dat we op zoek gaan naar antwoorden, terwijl we Hem vragen om het aan ons te openbaren. Dat betekent niet dat we opwekkingspredikers gaan volgen, terwijl we blindelings alles geloven wat zij zeggen, zonder enige vorm van toetsen. Opwekking moet veel meer worden dan het deelnemen aan een hype. Eerst moeten we begrijpen waar we precies om vragen, wanneer we Hem om opwekking vragen. Dan moet het een echt hartsverlangen worden. Dan zal het beproefd worden door het vuur.

HOOFDSTUK 1

GOD LEREN VERTROUWEN

Datgene wat het meeste van onze tijd in beslag lijkt te nemen, in ons leven als Christen, is wachten. We waren allemaal zo enthousiast toen ons Christelijk leven begon. We hoorden de geweldige getuigenissen van de Bijbel en sommigen hadden zelfs het geluk om recente getuigenissen te mogen horen. We geloofden. We hadden geloof. We waren vol van kracht. Maar toen kwamen de stormen en werd ons geloof beproefd, of we ons daar nu bewust van waren of niet. Het wachten leek oneindig. In sommige gevallen leek ook de isolatie oneindig. Wanneer we om ons heen kijken dan zien we vaak niet al teveel gebeuren. Geweldige getuigenissen? Ja. Geweldige proclamaties en grote woorden? Ja. Resultaten? Nauwelijks. Maar ook dichterbij, in ons eigen leven, zien we nauwelijks resultaat.

Een van mijn voormalige pastors zei altijd dat we in iedere situatie twee opties hebben. Om bitter te worden of beter. Maar dat is geen beslissing die we maken met onze emotie, hoewel het zeer aantrekkelijk kan zijn om die beslissing vanuit onze emotie te maken. Er zijn momenten waar onze emoties schreeuwen om op te geven, om een andere weg te nemen, om ook eens aan uzelf en aan uw verlangens te denken, om meer tijd te besteden aan 'makkelijke dingen' etc. We hebben allemaal met deze momenten te maken gehad, waar we zochten naar een weg eruit of naar een sluiproute. Met name wanneer het erg moeilijk werd. Met name wanneer het pijn begon te doen. Maar dan komt het moment waarop we ons realiseren dat al deze keuzes en emoties maar één ding doen: ons vlees behagen. Ons vlees is volledig naar binnen gericht. Het gaat om wat ik wil, hoe ik het wil, wanneer ik het wil en hoe ik me voel. Het is precies het tegenovergestelde karakter van wat Jezus liet zien. Ons vlees behagen maakt ons niet beter, het zal ons uiteindelijk bitter maken. Hoewel iedereen positief aan deze reis begint, zijn er velen die hebben opgegeven toen het moeilijk werd of toen de reis te lang bleek te duren. Dat is ook niet vreemd, want één van de dingen die teleurstelling doet is alle energie en hoop uit u wegzuigen. Maar dat is het moment waarop zichtbaar wordt of uw geloof slechts een opwelling van emotie was, of dat het in staat was om wortel te schieten in uw hart.

Een langgerekt hopen maakt het hart ziek, maar een vervulde begeerte is een boom des levens.
Spreuken 13:12 (NBG)

Wanneer we werkelijk naar opwekking verlangen, dan moeten we ons realiseren dat God altijd van binnen naar buiten werkt. Wanneer we om opwekking vragen, dan zal God eerst beginnen in onze harten en in onze kerken. Meestal stopt het daar dan ook weer. Er zijn twee sleutelwoorden die onvermijdbaar zijn op de weg naar opwekking. Die woorden zijn uithoudingsvermogen en doorzettingsvermogen. Of, eenvoudiger gezegd, niet opgeven wanneer het moeilijk wordt. In Gods Koninkrijk is het betaalmiddel geloof. Alles wat we kunnen bereiken en ontvangen kan alleen door middel van geloof in ontvangst worden genomen. Zonder geloof hebben we niets. Het begint met het geloof dat Jezus Christus de beloofde Messias (De Gezalfde) is en de Zoon van God. Maar daar stopt het niet. Aan het begin van deze reis naar een opwekking hebben we geloof nodig. Wanneer we onderweg zijn hebben we geloof nodig. Wanneer het moeilijk wordt hebben we geloof nodig. Helemaal tot het punt waar we dat bereikt hebben, en op ieder ander moment dat volgt. Maar wat is de sleutel die we nodig hebben om te kunnen geloven? Het is vertrouwen. Of we iets wel of niet geloven hangt af van de persoon die het gezegd heeft. En dat is waar velen van ons falen. Dat is waarom velen een tekort aan geloof hebben. Niet omdat we geen geloof willen hebben, want ik geloof dat iedereen geloof wil hebben, maar omdat we tegengehouden worden door teleurstellingen. Hoop hebben is niet voldoende. We moeten geloof hebben om verder te kunnen gaan. Dat is het enige betaalmiddel in Gods Koninkrijk.

Velen van ons hebben beloftes ontvangen. Door profetische woorden, door het Woord van God of direct van de Heilige Geest. Maar naar mate de tijd verstreek kwamen sommige van die beloftes uit, terwijl anderen uitbleven. Er kunnen veel redenen zijn waarom een belofte van God (nog) niet is uitgekomen. Een voorbeeld is het niet volgen van de leiding van de Heilige Geest en zelf met de belofte aan de haal gaan. Een ander voorbeeld is zonde. En dan bedoel ik niet of we alleen vallen voor een zonde, maar of we erin volharden. Iedereen kan vallen voor zonde, maar hoe we daarop reageren bepaalt onze bestemming, hetzij de belofte van God, hetzij de vrucht van onze koppigheid. Maar andere voorbeelden zijn ook beproevingen en timing. Wanneer een belofte nog niet is uitgekomen, dan betekent dat niet altijd dat we iets verkeerd hebben gedaan. Natuurlijk kunnen we de Heilige Geest vragen of we iets gemist hebben, maar in veel gevallen komt het neer op wachten. Wanneer we niets zien gebeuren, dan is dat het moment waarop ons geloof wordt opgerekt. We beginnen ons af te vragen of we het wel goed gehoord hebben, of we misleid zijn, of de persoon die het woord doorgaf vanuit zijn eigen vlees sprak etc. Dat is ook waarom we altijd ieder woord moeten toetsen, voordat we het als waarheid aannemen. Wanneer we het getoetst hebben, en hebben gezien dat het de waarheid is, wat gebeurt er dan? Dan wordt ons geloof ook opgerekt. Maar dan is de vraag of we nog steeds geloven in de betrouwbaarheid van God. Geloven we nog steeds dat Hij trouw is, wanneer het moeilijk begint te worden? Vertrouwen we Hem nog steeds?

De voornaamste reden waarom zoveel Christenen op het punt komen waarop ze het moeilijk vinden om God te vertrouwen, is omdat ze een hele verkeerde definitie van vertrouwen hebben en van hoe dit toegepast moet worden. Vertrouwen is het geloof in de betrouwbaarheid, waardigheid, integriteit en het karakter van een persoon. Iemand vertrouwen is het geven van accreditatie, geloof, aanzien, eer en het prijzen van een persoon, in vrijwillige afhankelijkheid van die persoon.

Ik heb dit onderwerp ook al eens behandeld in één van mijn vorige studies, maar wanneer het gaat over opwekking dan is vertrouwen een zeer belangrijk onderdeel. Vergeef me als ik dingen herhaal die u al weet, maar ik ga het toch doen. Een zeer bekend citaat is: "Vertrouwen is het moeilijkste te vinden en het makkelijkste om te verliezen." Op de een of andere manier is vertrouwen een soort van valuta geworden in iedere relatie. Het is een verdienmodel geworden. Hoe meer goede dingen u doet, hoe meer vertrouwen u zult verdienen. Hoe meer vertrouwen u verdient, hoe beter uw relatie zal groeien. Vertrouwen wordt in de eerste instantie gebouwd door consistentie (consequent, blijvend, nauwgezet enz.), maar ook door integriteit, competentie, oprechtheid, betrouwbaarheid en toewijding. U moet er iets voor doen. Het is een verdienmodel. Hetzelfde geldt ook voor anderen. Mensen moeten iets voor u doen om met u in relatie te blijven. Ze moeten bewijzen altijd en overal betrouwbaar te zijn. Of we dit nu beseffen of niet, het is een soort systeem in onze manier van denken. Wanneer één van de bouwstenen van vertrouwen beschadigd raakt, dan beginnen we de schade op te meten. Gebaseerd op de 'kosten' (emotioneel, fysiek of financieel), besluiten we of we bereid zijn daar overheen te stappen en om een nieuwe kans te geven (m.a.w. opnieuw in de relatie te investeren).

Wanneer vertrouwen beschadigd raakt, dan is het meestal erg moeilijk om dat weer terug te krijgen. Vanuit de positie van iemand die verraden is wordt het moeilijker om in dergelijke relaties betrokken te zijn. Verraad is één van de moeilijkste dingen om mee af te rekenen. De meest geziene reactie is dat we onszelf dichtmetselen en afstand nemen van elkaar, wat het probleem alleen maar in stand houdt. We plaatsen muren om ons hart heen om onze meest kwetsbare gevoelens en emoties te beschermen. Hoe meer vertrouwen is geschonden, hoe meer we zijn verraden, des te groter en dikker zullen de muren om ons hart worden en des te moeilijker wordt het om onzelf weer te geven in andere relaties. Maar dit houdt ons niet veilig, het houdt ons eenzaam en geïsoleerd.

En dan is er het punt waar u er achter komt dat dit hele 'systeem van vertrouwen' totaal niet in lijn is met het Woord van God. Een poosje terug hoorde ik een bekende man van God het volgende zeggen: "Heb iedereen lief, maar vertrouw niemand, alleen God". Een opmerkelijke uitspraak, vergeleken met het geloofssysteem van deze wereld. De psychologie zal u vertellen dat u nooit in staat zult zijn om gezonde relaties te hebben, zonder dat daar vertrouwen bij betrokken is. Ik ben er achter gekomen dat dat precies het tegenovergestelde is van wat God ons vertelt. Ik heb de ruim 200 plaatsen in de Bijbel getoetst, waar het Woord spreekt over vertrouwen, en ik ben er achter gekomen dat op iedere plaats waar het Woord op een positieve manier over vertrouwen spreekt, het altijd (en alleen) spreekt over vertrouwen in God. Maar het gaat verder dan dat. Het Woord vertelt ons expliciet dat een ieder die in een mens vertrouwt onder een vloek zit.

Zo zegt de Here: Vervloekt is de man die op een mens vertrouwt en vlees tot zijn arm stelt, wiens hart van de Here wijkt; hij toch zal zijn als een kale struik in de steppe, die het niet merkt, als er iets goeds komt, maar staat in dorre oorden in de woestijn, een ziltachtig, onbewoond land. Gezegend is de man die op de Here vertrouwt, wiens betrouwen de Here is.
Jeremia 17:5-7

Dat is nogal wat. Hier vertelt God ons dat geen enkel mens vertrouwd zou moeten worden. Dan zegt Hij dat een ieder die wel op een mens vertrouwt vervloekt is. Voor God is dat hetzelfde als dat ons hart van Hem wijkt. Dat is een zeer grote uitspraak, aangezien we weten hoe enorm belangrijk ons hart voor God is. Het resultaat van de vloek die daaraan verbonden is is geestelijke en natuurlijke armoede, maar ook geestelijke blindheid en onvruchtbaarheid. Laten we eerlijk zijn, wie heeft er niet op een mens vertrouwd? Dat hebben we allemaal gedaan. Maar waarom is vertrouwen in een mens dan zo slecht? God beantwoordt die vraag een paar verzen verder.

Arglistig is het hart boven alles, ja, verderfelijk is het; wie kan het kennen? Ik, de Here, doorgrond het hart en toets de nieren, en dat, om aan een ieder te geven naar zijn wegen, naar de vrucht zijner daden.
Jeremia 17:9-10

In tegenstelling tot wat velen geloven, heeft Jezus nooit iets anders onderwezen. Hij benadrukte het zelfs door te onderwijzen hoe slecht onze harten zijn. Hij begon te vertellen dat het kennelijk mogelijk is om Hem met onze lippen te eren, terwijl ons hart verre van Hem is (Matteüs 15:8-9). Toen ging Hij verder en onderwees dat ons hart boze overleggingen, moord, echtbreuk, hoererij, diefstal, leugenachtige getuigenissen en godslasteringen voortbrengt (Matteüs 15:19). Jezus heeft nooit gezegd dat de vloeken niet langer van toepassing zijn. Maar wat Hij wel deed was ons een weg aanbieden om onder de vloek uit te kunnen komen, door Zijn offer. Die weg begint altijd met bekering.

Zoals u nu misschien al wel weet ben ik niet alleen geïnteresseerd in het 'wat', maar met name in het 'waarom'. Die vraag is gedeeltelijk beantwoord door wat God zegt over de conditie van onze harten. Maar het vertelt ons niet wat vertrouwen precies doet en wat de connectie precies is. Laten we dus eens een kijkje nemen naar deze 'bouwstenen' van vertrouwen, zijnde consistentie, integriteit, competentie, oprechtheid, betrouwbaarheid en toewijding.

Consistentie
Het woord consistentie laat ons de 'constante factor' zien. Met andere woorden, datgene dat er altijd is, onveranderlijk, samenhangend en perfect in lijn. Wanneer we spreken over de constante factor, dan moet ik denken aan Hebreeën 13:8,

waar het zegt: "Jezus Christus is gisteren en heden dezelfde en tot in eeuwigheid." Er is geen mens die in staat is om dit over zichzelf te zeggen.

Integriteit

Dit kan simpel worden uitgelegd als getrouw en waarachtig. Wederom moeten we dan concluderen dat er geen mens is die dit in alle eerlijkheid over zichzelf kan zeggen. Wanneer we kijken naar wat het Woord zegt over 'getrouw en waarachtig', dan vinden we de naam 'Ne'eman V'Yashar' (Openbaring 19:11), wat precies dat betekent en één van de identiteiten van Jezus Zelf is.

Competentie

Dit kan worden uitgelegd als de conditie van in staat zijn om het juiste te doen. In Filippenzen 4:13 zegt het Woord: "Ik vermag alle dingen in Hem, die mij kracht geeft." Dat betekent ook dat we zonder Christus en zonder Zijn kracht niets kunnen doen. Opnieuw iets waar we zelf niet toe in staat zijn.

Oprechtheid

Ware oprechtheid is vrij zijn van misleiding, hypocrisie en onechtheid. Het is oprechtheid en eerlijkheid. Alles tezamen kunnen we concluderen dat dit het verschil is tussen het kennen en wandelen in de waarheid en het niet kennen van en wandelen in de waarheid, of dit nu door koppigheid of onwetendheid is. Het is alleen Jezus Die kan zeggen dat Hij de Waarheid (Johannes 14:6), Waarheidsgetrouw en Trouw (Openbaring 19:11) is, want wij zijn allen gevallen voor misleiding, hypocrisie en onechtheid, op één of meerdere gebieden.

Betrouwbaar

Dit kan verklaard worden als voorspelbaar en betrouwbaar. Dit brengt ons terug bij Jezus Christus, Die altijd volledig hetzelfde is. Hij is Degene Die altijd voorspelbaar en betrouwbaar is, als 'Rosh vaSof' (Openbaring 1:8), het Begin en het Einde. Ongeacht hoe hard we proberen, op onze eigen kracht zullen we alleen in staat zijn om een bepaalde periode betrouwbaar te zijn. Het enige alternatief dat we hebben is om net te doen alsof.

Toewijding

De daad van toewijding, een verplichting of belofte. In Jesaja 55:11 zegt de Heer dat Zijn Woord altijd zal doen waartoe het gezonden is. Het grootste voorbeeld van Zijn toewijding was het feit dat Hij Jezus Christus naar deze aarde zond, om ons te redden. Jezus, het Levende Woord. Het Woord dat tot in het kleinste detail werd verwezenlijkt. Dit is een niveau van toewijding, overigens ook de enige ware vorm van toewijding, die wij nooit op eigen kracht kunnen bereiken.

Wanneer we naar deze bouwstenen van vertrouwen kijken, dan kunnen we zien wat God bedoelde met het feit dat we ons vertrouwen niet in een mens kunnen stellen. Iedere bouwsteen botst met de conditie van ons hart. Het geloof dat we ons vertrouwen in een mens kunnen stellen, ongeacht wie het is, komt voort uit trots, vanuit het vertrouwen op onze eigen inzichten en ons eigen oordeel. Er bestaat niet zoiets als gedeeld vertrouwen. We vertrouwen in God of we vertrouwen in mensen. Wanneer we in mensen vertrouwen, dan zegt God dat ons hart van Hem wijkt. Dus we zullen één van de twee mogelijkheden moeten kiezen. Vertrouwen in God of vertrouwen in een mens. De beslissing is aan ons.

De hebzuchtige verwekt twist, maar wie op de Here vertrouwt, wordt overvloedig verkwikt. Wie op eigen hart vertrouwt, is een dwaas; maar wie in wijsheid wandelt, zal ontkomen.
Spreuken 28:25-26

Vertrouwt de metgezel niet, verlaat u niet op de vriend; behoed de deuren van uw mond voor haar die aan uw boezem ligt.
Micha 7:5

*Het is beter bij de Here te schuilen dan op mensen te vertrouwen;
het is beter bij de Here te schuilen dan op edelen te vertrouwen.*
Psalm 118:8-9

*Vertrouwt niet op edelen, op een mensenkind, bij wie geen heil
is.*
Psalm 146:3

*Ja, voor eigen besef achtten wij ons als ter dood verwezen,
opdat wij niet op onszelf vertrouwen zouden stellen, maar op
God, die de doden opwekt. En Hij heeft ons uit zulk een groot
doodsgevaar verlost en zal ons verlossen: op Hem hebben wij
onze hoop gevestigd, [dat] Hij ons ook verder verlossen zal.*
2 Corinthiërs 1:9-10

Relaties worden niet gebouwd met vertrouwen. Ze worden
gebouwd met liefde en liefde alleen. Die liefde wordt door
God aan ons gegeven en wij hebben de mogelijkheid om dat te
delen en om het weg te geven zoals Jezus deed. Onzelfzuchtig.
Onvoorwaardelijk. Maar wanneer het op vertrouwen aankomt,
dan moeten we onszelf een vraag stellen. De vraag die we
onszelf moeten stellen is: "Is God trouw?" Houd in gedachten
dat het antwoord op deze vraag alleen op alles van toepassing
kan zijn of op niets. Als we ervoor kiezen om te geloven dat
God trouw is, dan is Hij trouw op ieder gebied. Als we ervoor
kiezen om te geloven dat Hij niet trouw is, of dat Hij niet
trouw is op bepaalde gebieden, dan hebben we op ieder gebied
twijfel. Of Zijn hele Woord is waar, of alles is een leugen. Het
is aan ons om te kiezen. En ja, ik gebruik het woord 'kiezen'
met opzet, omdat vertrouwen een beslissing is en geen emotie.
De emoties zijn er wel bij betrokken, maar het begint met een
beslissing. Onze emoties volgen die beslissing. Wij kiezen wat
we willen geloven. Maar aan het begin van deze reis naar
een opwekking hebben we vertrouwen nodig. We hebben
geloof nodig. Zonder vertrouwen en geloof hebben we alleen
maar geestelijke armoede, natuurlijke armoede, geestelijke
blindheid en onvruchtbaarheid. Maar wanneer we met onze

wil het besluit nemen om God te vertrouwen, om te geloven in Zijn trouw, ongeacht de pijn en de teleurstellingen, dan zal Hij ons al de hulp geven die we nodig hebben. Ons geloof zal opgerekt worden, maar bij iedere stap zal Hij ons voldoende kracht geven om door te gaan. Wanneer we volharden en verdragen, dan zullen we altijd de belofte binnengaan. Op Zijn tijd en op Zijn manier. Maar het zal gebeuren. Want Hij is werkelijk trouw. Dus wat is onze beslissing?

HOOFDSTUK 2

HET HERSTEL VAN GERECHTIGHEID

Liefde en genade. Daar gaat het allemaal om, volgens de meerderheid van de kerken vandaag de dag. Sommigen vragen zich zelfs af hoe wij iets anders kunnen zeggen, met een bediening die "LoveUnlimited" heet. Feit is dat wij nooit beweren dat Gods liefde en genade niet waar zijn of niet beschikbaar zijn. Zij zijn bijzonder waar. Het is de hele reden waarom de Vader Zijn kostbare Zoon naar de wereld heeft gezonden. Maar wat wij wel beweren is dat dit niet het volledige plaatje is.

Want bij hoge uitzondering zal iemand voor een rechtvaardige sterven; hoogstens immers heeft iemand de moed om voor de goede mens te sterven. God echter bevestigt Zijn liefde voor ons daarin dat Christus voor ons gestorven is toen wij nog zondaars waren. Veel meer dan zullen wij, nu wij gerechtvaardigd zijn door Zijn bloed, door Hem behouden worden van de toorn. Want als wij, toen wij vijanden waren, met God verzoend zijn door de dood van Zijn Zoon, hoeveel te meer zullen wij behouden worden door Zijn leven, omdat wij verzoend zijn. En dit niet alleen, maar wij roemen ook in God, door onze Heere Jezus Christus, door Wie wij nu de verzoening ontvangen hebben.
Romeinen 5:7-11

De opmerkelijke manier waarop God Zijn liefde voor ons toonde werd zichtbaar door het leven, de bediening en het offer van Jezus Christus. Zelfs toen we nog zondaren waren. Zelfs toen we nog als vijanden van God beschouwd werden. Hij bood ons de Weg, dat is Jezus. De vraag is echter of we dan automatisch vergeven zijn of niet? Het Woord maakt duidelijk dat we beslissingen moeten maken in onze levens.

Dat is een proces dat de rest van ons leven blijft doorgaan. De 'eens gered, altijd gered' theorie is derhalve een leugen. Die suggereert dat wij al vergeven zijn voor iedere zonde die we nog gaan doen, zonder enige verantwoordelijkheid van onze zijde. Het Woord van God maakt zeer duidelijk dat wij wel een verantwoordelijkheid hebben. Het grootste probleem dat God met de mensheid heeft is niet alleen de zonde zelf, maar ook de ontkenning en het negeren daarvan. Het gaat zelfs nog verder, want het maakt God boos.

Ik, Ik verscheur en ga; Ik sleep weg en er zal geen redder zijn. Ik ga en keer terug naar Mijn woonplaats, totdat zij zich schuldig weten en Mijn aangezicht zoeken. In hun benauwdheid zullen zij Mij ernstig zoeken.
Hosea 5:14-15

Als we deze verzen lezen, wat maakt God dan boos? Het feit dat ze weigerden om hun zonde een zonde te noemen. Zij rechtvaardigden zichzelf. Voor dat soort mensen is er geen redding. Wanneer wij zondigen, bewust of onbewust, dan creëert dat altijd een legale grond voor de vijand. Wanneer de vijand een legale grond heeft, dan kan God ons niet zegenen. Totdat die legale grond is weggenomen. Totdat Zijn gerechtigheid is hersteld. God begrijpt dat wij kunnen vallen voor zonde. In Zijn Woord bevestigt Hij zelfs hoe makkelijk het is om voor zonde te vallen. Dus dit is geen zaak om een ondragelijke last van zonde op u te nemen. Dit gaat over wandelen in het Licht en zonde erkennen en belijden. Rechtvaardige mensen kunnen ook vallen, maar zij staan weer op. Zij rechtvaardigen hun zonden niet, maar belijden ze. Dat is een houding van het hart. Een houding als "Ik wil geen zonde begaan, maar als ik dat wel doe, dan sta ik direct weer op". Wanneer wij zeggen dat wij geen zonde hebben, dan kan en zal God ons niet vergeven. Wanneer wij zeggen dat wij geen zonde hebben, dan leeft Jezus niet in ons. Maar wanneer wij onze zonden toegeven en ze belijden, dan zijn wij vergeven en gereinigd door het bloed van Jezus. Want Hij is een expert in het afrekenen met zonde.

Als wij zeggen dat wij gemeenschap met Hem hebben en wij toch in de duisternis wandelen, liegen wij en doen de waarheid niet. Maar als wij in het licht wandelen, zoals Hij in het licht is, hebben wij gemeenschap met elkaar, en het bloed van Jezus Christus, Zijn Zoon, reinigt ons van alle zonde. Als wij zeggen dat wij geen zonde hebben, misleiden wij onszelf en is de waarheid niet in ons. Als wij onze zonden belijden: Hij is getrouw en rechtvaardig om ons de zonden te vergeven en ons te reinigen van alle ongerechtigheid. Als wij zeggen dat wij niet gezondigd hebben, maken wij Hem tot leugenaar en is Zijn woord niet in ons.

1 Johannes 1:6-10

Waarom is dit alles zo belangrijk, wanneer we spreken over een opwekking? Omdat een van de vruchten van een echte opwekking altijd herstel zal zijn. Maar God zal altijd bij de wortel beginnen. We spreken over liefde en genade alsof we het begrijpen. We spreken erover alsof onze kerken ermee gevuld zijn. Maar de realiteit is anders. In de meeste gevallen zijn liefde en genade alleen maar lege woorden, zonder betekenis. Mensen komen naar onze kerken, en zolang ze lid zijn hebben ze de illusie geliefd te zijn. Maar ware liefde wordt pas zichtbaar wanneer het moeilijk begint te worden. Hoe gaan we om met die leider die voor overspel is gevallen? Als hij of zij de zonde erkent en belijdt, waarom zijn wij dan nog zo veroordelend? Waarom is dat opeens een reden om niet meer lief te hebben? Toen koning David zijn zonde erkende en beleed, handelde hij overeenkomstig en herstelde God hem volledig, zonder zijn positie of zalving weg te nemen. Het is een ander geval wanneer mensen hun zonde niet erkennen of belijden, of wanneer ze in zonde willen volharden, maar zij die zich werkelijk in hun hart willen bekeren kunnen en zullen gebruikt worden door God. Alleen religie spreekt over weken of jaren van 'bekering'. Kijk eens hoe snel God in staat was om David te herstellen, vanwege de houding van zijn hart. Maar afgezien hiervan, hoe gaan we om met de mensen die onze kerken verlaten? Ze kunnen weglopen, zonder dat we er nog iets van horen, zonder dat iemand van ons naar hen omziet, naar hen op zoek gaat of contact met hen opneemt. Ze verdwijnen gewoon. Zomaar. Dit zijn kostbare zielen, kostbare mensenlevens. De manier waarop wij met mensen omgaan, met name in hun tijden van zwakheid, zegt meer over ons dan over hen. Dit zijn de momenten waar liefde zichtbaar zou moeten worden, niet slechts op de momenten dat alles goed gaat. En dit zijn nog maar twee voorbeelden.

In Gods Koninkrijk kan er geen genade zijn, zonder gerechtigheid. Zonder liefde kan er geen gerechtigheid zijn. Als er geen gerechtigheid is, dan is er ook geen liefde en genade. God is genade en God is liefde, maar het fundament waar Hij op zit is gerechtigheid en recht. Op de een of andere manier zijn we dat door de loop der tijd vergeten. Maar het feit dat Jezus Zijn leven voor ons gegeven heeft betekent niet dat God een andere troon voor Zichzelf gebouwd heeft.

Wolken en donkerheid zijn rondom Hem, gerechtigheid en recht zijn het fundament van Zijn troon.
Psalm 97:2

Wanneer we God beginnen te vragen om een opwekking, dan zal Hij altijd van binnenuit gaan werken. Te beginnen in onze harten, dan in onze kerken, dan in onze woonplaatsen, dan in onze regio's etc. Maar het begint bij ons. We weten dat het Zijn doel is om Zijn liefde door ons heen zichtbaar te maken voor een wereld in nood. Maar die liefde is gefundeerd op gerechtigheid en recht. Genade is gefundeerd op gerechtigheid en recht. Zonder deze dingen kunnen genade en liefde niet bestaan. Hij is een heilig God. Ik benadruk nogmaals dat dit niet betekent dat wij een last van zonde met ons mee moeten slepen. Het betekent alleen dat wij er eerlijk over moeten zijn. Het verschil tussen God en de vijand is dat God zonde ontmaskert en openbaart, zodat we deze kunnen erkennen en belijden, terwijl de vijand ons zal aanklagen, in zijn poging om ons veroordeeld te krijgen. Het verschil zit dus in de motivatie erachter. God, Die ons wil redden voor de eeuwigheid, satan, die wil dat wij samen met hem in de hel branden.

En ik hoorde een luide stem in de hemel zeggen: Nu is gekomen de zaligheid, de kracht en het koninkrijk van onze God en de macht van Zijn Christus, want de aanklager van onze broeders, die hen dag en nacht aanklaagde voor onze God, is neergeworpen.
Openbaring 12:10

En als Die gekomen is, zal Hij de wereld overtuigen van zonde, van gerechtigheid en van oordeel.
Johannes 16:8

Wanneer de Heilige Geest ons overtuigt van zonde, gerechtigheid en oordeel, dan is Zijn doel om ons te herstellen. En met herstel bedoel ik de meest vergaande vorm van herstel, naar de persoon die God voor ogen had toen Hij ons schiep. U zou kunnen zeggen dat dit een soort integratieproces is voor de burgers van de Hemel. Hoe meer we hier leren, hoe minder we hoeven te leren wanneer we het Koninkrijk van de Hemel binnengaan. Het voornaamste doel van de Heilige Geest is altijd om de wereld te overtuigen (letterlijk: "ontmaskeren" of "blootleggen") van zonde, gerechtigheid en oordeel. Wanneer wij God om een opwekking vragen, dan zal Hij ons eerst opwekken. Dat begint met het voornaamste doel van de Heilige Geest.

Om deze reden buig ik mijn knieën voor de Vader van onze Heere Jezus Christus, naar Wie elk geslacht in de hemelen en op de aarde genoemd wordt, opdat Hij u geeft, naar de rijkdom van Zijn heerlijkheid, met kracht gesterkt te worden door Zijn Geest in de innerlijke mens, opdat Christus door het geloof in uw harten woont en u in de liefde geworteld en gefundeerd bent, opdat u ten volle zou kunnen begrijpen, met alle heiligen, wat de breedte en lengte en diepte en hoogte is, en u de liefde van Christus zou kennen, die de kennis te boven gaat, opdat u

27

vervuld zou worden tot heel de volheid van God.
Efeziërs 3:14-19

De naam van onze bediening, LoveUnlimited, is gebaseerd op deze verzen. Liefde is het ultieme doel. Liefde die u zichzelf nog niet voor kunt stellen. Maar, zoals u ziet, kan het wel begrepen worden. Dus er gaat een punt komen waarop u in staat zult zijn dit te 'begrijpen'. Maar deze verzen beginnen met "om deze reden...". De vraag is dus: "Welke reden?" In vers 5 zegt het: *"zoals het nu geopenbaard is aan Zijn heilige apostelen en profeten door de Geest"*. Wat openbaart de Geest? Zonde, gerechtigheid en oordeel. Om ons schuldig te doen voelen? Nee. Om ons onze zonden te laten erkennen en belijden, zodat God ons op ieder gebied van ons leven kan herstellen. Om ons bewust te maken van Gods gerechtigheid en om ons bewust te maken van het oordeel dat komen gaat.

U die de HEERE liefhebt, haat het kwade. Hij bewaart de ziel van Zijn gunstelingen, Hij redt hen uit de hand van de goddelozen. Licht is gezaaid voor de rechtvaardige en blijdschap voor de oprechten van hart.
Psalm 97:10-11

Dus u wilt genade en liefde? Dat is een heel mooi verlangen en volledig in lijn met de wil van God. Het maakt God blij wanneer we dat verlangen hebben en daarvoor gaan. Maar als we willen dat het blijvend is, dan moet het gebouwd worden op het fundament van gerechtigheid en recht. Een van de vele aannames die vandaag de dag gedaan worden is dat er geen noodzaak is om specifiek zonde te belijden, want daar heeft Jezus al mee afgerekend. Dat is een enorme en klassieke fout. Jezus heeft afgerekend met de consequenties van zonde, maar dat betekent niet dat wij niet hoeven af te rekenen met onze zonden. We moeten op het punt van erkennen en belijden komen. We hoeven de last van zonde niet met ons mee te dragen, maar het moet wel in het Licht van Jezus worden gebracht.

Het grootste deel van onze levens hebben we gehoord over de komende dag des oordeels. Ik heb dit diverse malen in de kerk gehoord. Maar laat me u een nieuwe openbaring geven. Er is geen dag des oordeels. Er zal nooit een dag des oordeels zijn. Ik kan wel begrijpen waarom iedereen denkt dat er een dag des oordeels zal zijn, want vrijwel iedere Bijbelvertaling maakt hier melding van. Het woord dat zij vertaald hebben als "dag" komt van het Griekse woord "hemera", wat vertaald kan worden als "dag", maar ook als "tijd" in het algemeen. Het feit dat we niet slechts spreken over een dag wordt meer duidelijk in 1 Korinthe 4:5, waar het spreekt over een seizoen van oordeel, wat afkomstig is van het Griekse woord "karios". Het is daarom ook meer aannemelijk dat we spreken over een eon van oordeel. Een eon is de hoogst mogelijke vorm van tijdindicatie. Er zijn dagen, weken, jaren, decennia, eeuwen, tijdperken en daarboven eons. Een eon is zo'n enorme hoeveelheid tijd, dat wij niet weten hoelang het duurt. We weten slechts dat het diverse tijdperken omvat. Alleen God kent de omvang, maar het is enorm. Het Woord van God spreekt niet over een dag van oordeel, maar over veel meer dan dat. Het is een klassieke vergissing om te geloven dat Gods oordeel binnen een dag gedaan zal zijn. Dat zal nooit gebeuren. Jezus Christus zal ieder mens persoonlijk oordelen. Iedereen. Niemand uitgezonderd.

Want wij moeten allen voor de rechterstoel van Christus openbaar worden, opdat ieder vergelding ontvangt voor wat hij door middel van zijn lichaam gedaan heeft, hetzij goed, hetzij kwaad.
2 Korinthe 5:10

U echter, wat oordeelt u uw broeder? Of ook u, wat minacht u uw broeder? Wij zullen immers allen voor de rechterstoel van Christus gesteld worden. Want er staat geschreven: Zo waar als Ik leef, zegt de Heere: Voor Mij zal elke knie zich buigen, en elke tong zal God belijden. Zo zal dan nu ieder van ons voor zichzelf rekenschap geven aan God. **Romeinen 14:10-12**

Dit is een zeer serieuze zaak. God neemt zonde niet lichtvaardig. Hij neemt gerechtigheid niet lichtvaardig. En Hij neemt recht niet lichtvaardig. Jezus Christus zal eenieder van ons oordelen en Zijn oordeel zal eerlijk, oprecht en grondig zijn. Niets zal achterwege worden gelaten. Niets zal vergeten worden. Maar dit betekent niet dat zij die in Christus zijn veroordeeld zullen worden.

Dus is er nu geen verdoemenis voor hen die in Christus Jezus zijn, die niet naar het vlees wandelen, maar naar de Geest.
Romeinen 8:1

Jezus nam onze straf op Zich. Dus dat gedeelte is afgehandeld. Maar alleen voor hen die in Christus zijn en die wandelen naar de Geest. Er staat niet 'voor hen die Christen zijn'. Er staat 'voor hen die in Christus Jezus zijn'. Het spreekt over de mensen die echt hun leven voor Jezus geleefd hebben en die Hem hun eerste prioriteit gemaakt hebben, ook al hebben ze veel fouten gemaakt. Het oordeel zal plaatsvinden op basis van het hart en het karakter. Maar zelfs zij die in Christus zijn zullen voor de rechterstoel van Christus moeten verschijnen. Het zal geen veroordeling zijn, maar we zullen wel verantwoordelijk gehouden worden voor iedere actie en voor ieder woord dat we gesproken hebben. Dat is hoezeer God gerechtigheid en recht waardeert. De rechtszaak van uw leven kan wellicht net zolang duren als uw leven zelf. Hij zal er zeker Zijn tijd voor nemen.

In dit leven hebben we de keuze en de mogelijkheid om onze zonden te erkennen en te belijden. Zij die in Christus zijn hoeven zich geen zorgen te maken wanneer ze onbewust vergeten om bepaalde zonden te belijden. Jezus Christus kijkt naar de houding van onze harten. Als er een oprecht verlangen is om voor Hem te leven, dan zal Hij ons ook vergeven wanneer we zijn gevallen voor zonde. Maar iedere zonde moet beleden worden. Iedere zonde die niet in dit leven is beleden, zal ter sprake worden gebracht bij de rechtszaak van ons leven. Alle zonden die niet zijn beleden tijden ons leven, zullen op dat moment beleden moeten worden (1 Korinthe 11:31). In het bijzijn van Jezus Christus, al de engelen, al de heiligen etc. Niets zal op dat moment verborgen blijven. Maar in dit leven hebben wij ook de mogelijkheid om onze zonden te belijden. Alle zonden die wij tijdens ons leven erkennen en belijden, die zullen niet alleen vergeven worden, maar ze zullen ook nooit meer ter sprake worden gebracht. Alle zonden die wij tijdens ons leven belijden, zullen voor eeuwig worden gewist uit de boeken in de Hemel. Jezus zal het niet meer ter sprake brengen, ook niet tijdens de rechtszaak van uw leven. Omdat u ermee heeft afgerekend. Daarom loont het om zonde nu reeds te belijden, dan om dat te doen in het bijzijn van iedereen, tijdens de rechtszaak van uw leven.

Ziet u hoe serieus God dit neemt? We hebben alleen nog maar gesproken over onze persoonlijke levens. Hoeveel temeer aandacht zal Hij aan de kerk geven? Aan de kerkleiders? Er zal ook een zaak zijn voor iedere kerk. Wij zullen verantwoordelijk worden gehouden. Wij hebben de verantwoording voor onze steden, regio's en zelfs voor onze natie. Wat doen wij met die verantwoordelijkheid? Wanneer we over opwekking spreken, dan spreken we over iets terug tot leven brengen. Dat begint met het herstel van gerechtigheid. Dat is het fundament waarop al het andere, inclusief liefde en genade, is gebouwd. Er is geen liefde zonde gerechtigheid. Er is geen genade zonder gerechtigheid. Beide kunnen niet bestaan zonder gerechtigheid. Dus wanneer we zien dat er een gebrek aan gerechtigheid is in een natie, in een stad of in een kerk, dan weet u dat er ook een tekort aan liefde en genade is.

En weet dit dat in de laatste dagen zware tijden zullen aanbreken. Want de mensen zullen liefhebbers zijn van zichzelf, geldzuchtig, grootsprekers, hoogmoedig, lasteraars, hun ouders ongehoorzaam, ondankbaar, onheilig, zonder natuurlijke liefde, onverzoenlijk, kwaadsprekers, onmatig, wreed, zonder liefde voor het goede, verraders, roekeloos, verwaand, meer

liefhebbers van zingenot dan liefhebbers van God. Zij hebben een schijn van godsvrucht, maar hebben de kracht ervan verloochend. Keer u ook van hen af.
2 Timotheüs 3:1-5

Wat zegt het hier over liefde? Men zal liefdeloos zijn. En daarnaast zal men ook vele andere dingen zijn. Al deze vruchten zijn vandaag de dag zichtbaar. Ook in de kerk. Niet in iedere kerk, maar helaas wel in vele kerken. Ze spreken over God, over tekenen en wonderen, over heiligheid, maar ze hebben geen vruchten. Ze verloochenen de kracht. Omdat ze proberen om het te bereiken op eigen kracht. Door goede daden te doen. Het is een verandering die slechts tijdelijk is. Wanneer het moeilijk wordt, dan vallen ze. Alleen de Heilige Geest kan en zal het Woord van God levend maken in ons. Alleen dat zal echte verandering teweegbrengen. Die echte verandering is de kracht van het evangelie, de kracht van Jezus Christus. Dat is de vorm van verandering die blijvend is. Dus wanneer we voor opwekking gaan, wanneer we terug tot leven gebracht willen worden, op de manier die in het Woord van God gezien kan worden, dan moeten we bereid zijn om zonde, gerechtigheid en oordeel onder ogen te komen. Want dat is waar het begint. En vanaf daar zal het naar herstel gaan. Maar God zal altijd beginnen bij de wortel van het probleem. Hij zal nooit beginnen met herstel, wanneer de wortel nog intact is. Dat laat de keuze wederom aan ons. Hij zal nooit doen wat wij niet willen. We moeten ervoor kiezen. We moeten Hem toestaan om dit werk in ons en in onze kerken te doen. Dan kan het herstel komen.

HOOFDSTUK 3
HET TIJDPERK VAN OORDELEN

In het vorige hoofdstuk hebben we gesproken over het herstel van gerechtigheid. Niet het meest populaire onderwerp tegenwoordig, maar wanneer u ziet waar het toe leidt, dan wilt u het maar wat graag accepteren. In onze zoektocht naar opwekking kan deze stap niet worden overgeslagen. Want als we het overslaan, dan zal er niets gebeuren. Wanneer u een huis gaat bouwen, dan begint u altijd met de fundering. Jezus Christus is de hoeksteen van dat fundament. Vanuit Gods oogpunt is het fundament Zijn gerechtigheid. Ik heb het dan niet zozeer over veroordeling. We weten dat er genade beschikbaar is voor een ieder die in Jezus Christus is. Maar zowel veroordeling als genade zijn beiden niet Gods volledige gerechtigheid. Ze maken er deel van uit. Eén van beiden, veroordeling of genade, is de uitkomst van de rechtszaak. Het is de uitspraak, niet het volledige plaatje. Er zal tijd van een rechtszaak zijn, met de Heer Jezus Christus als onze Rechter. Zelfs nu we al weten dat de uitspraak genade zal zijn. Het woord genade is zo'n goedkoop woord geworden in de tegenwoordige kerk. Het is beroofd van de ware betekenis. Het is gebruikt als een excuus om te zondigen. Erger nog, het is gebruikt als een excuus om niet te hoeven veranderen en om verandering niet toe te staan. We moeten leren hoezeer God gerechtigheid en recht waardeert. Zonder Zijn openbaring, over deze twee zaken, zullen wij nooit in staat zijn om genade op waarde te schatten. En dan hebben we het alleen nog maar over het laatste oordeel, voor de rechterstoel van Christus. Maar dat is niet alles.

Wanneer we spreken over oordeel, dan denken veel mensen dat dit alleen aan het einde zal zijn. Op het moment waarop we voor Zijn aangezicht verschijnen, wanneer we de aarde hebben verlaten. Feit is dat dat het laatste oordeel is, wat aantoont dat dat oordeel de laatste is in een reeks van oordelen. Gods oordelen zijn reeds begonnen en zullen in heftigheid toenemen, naarmate we het einde van dit tijdperk naderen. Genade betekent niet dat oordelen zijn uitgesloten. Het betekent dat wij, de volgelingen van Jezus Christus, een weg eruit hebben, zodat wij een andere uitkomst kunnen hebben in onze rechtszaak. Jezus heeft nooit gezegd dat Hij is gekomen om Zijn oordeel door genade te vervangen. Integendeel, Hij is gekomen om oordeel te brengen.

Nu wordt het oordeel over deze wereld voltrokken, nu zal de vorst van deze wereld buitengeworpen worden. En Ik, als Ik van de aarde verhoogd ben, zal Ik allen naar Mij toe trekken.
Johannes 12:31-32

En Jezus zei: Ik ben tot een oordeel in deze wereld gekomen, opdat zij die niet zien, zien zouden, en die zien, blind zouden worden. En sommigen van de Farizeeën die bij Hem waren, hoorden dit en zeiden tegen Hem: Zijn wij dan soms ook blind? Jezus zei tegen hen: Als u blind was, zou u geen zonde hebben, maar nu u zegt: Wij zien, zo blijft dan uw zonde.
Johannes 9:39-41

Terwijl we deze verzen lezen, en het karakter van onze Jezus kennen, kunnen we een duidelijke motivatie zien voor de oordelen die Hij toestaat over de aarde, de naties, onze regio's, onze kerken en over de levens van mensen. Deze motivaties zijn:

1. Om mensen naar Hem toe te trekken
2. Om hen die geestelijk verblind zijn te laten zien
3. Om hen die menen te kunnen zien te verblinden

Het laatste punt, om hen die menen te kunnen zien te verblinden, spreekt over de religieuze mensen. Over hen die zichzelf rechtvaardigen. Mensen die denken en geloven dat ze het goed doen, en hun zonden rechtvaardigen, die hebben geen

Redder nodig. Daarom zullen zij onder het oordeel blijven. Dus wat is het belangrijkste doel van de oordelen van Jezus? Om duidelijk te maken dat er iets niet goed zit en dat er iets moet veranderen. Het volgende doel is dat zij, die onder één of meer oordelen zijn, bij God gaan zoeken naar antwoorden, zodat Hij hen kan herstellen. De Heilige Geest is tenslotte gekomen om ons te laten zien wat zonde, gerechtigheid en oordeel zijn. De oordelen zijn bedoeld om onze aandacht te krijgen. Wanneer Hij onze aandacht heeft, dan laat Hij graag zien wat er fout zit. Dat is waar Zijn genade het overneemt. Deze oordelen zijn niet het einde. Ze vinden nu over de hele wereld plaats. Zijn oordelen zullen doorgaan, totdat het laatste oordeel komt. Een duidelijk voorbeeld van oordelen in deze tijd, in plaats van alleen aan het einde, kan gevonden worden in Korinthe.

Want wie op onwaardige wijze eet en drinkt, die eet en drinkt zichzelf een oordeel, omdat hij het lichaam van de Heere niet onderscheidt. Daarom zijn er onder u veel zwakken en zieken, en velen zijn ontslapen. Want als wij onszelf zouden beoordelen, zouden wij niet geoordeeld worden. Maar als wij geoordeeld worden, worden wij door de Heere bestraft, opdat wij niet met de wereld veroordeeld zouden worden.
1 Korinthe 11:29-32

Tegenwoordig zijn veel mensen nog steeds bang om deel te nemen aan het Heilig Avondmaal, vanwege deze verzen. Maar Zijn oordelen zijn niet beperkt tot het Heilig Avondmaal, hoewel dit wel een goed voorbeeld is. Wat gebeurt hier? Deze verzen spreken niet over mensen zonder zonde. Anders zou er geen reden zijn voor oordelen. Het werkt hetzelfde als in de natuurlijke wereld. Zolang u een gehoorzame burger bent, dan zal niemand een rechtszaak tegen u beginnen. Maar wanneer we zonde begaan, dan zijn we in overtreding. Op datzelfde moment zal satan ons onmiddellijk beginnen aan te klagen voor de troon van God. Wanneer we werkelijk in overtreding zijn met het Woord van God, dan heeft hij een punt en heeft hij legale grond. Het enige rechtvaardige wat God op dat moment kan doen is oordelen. Niet aan de hand van de aanklachten, maar aan de hand van Zijn Eigen Woord. Wat er vervolgens gebeurd is aan ons, aangezien wij de 'extra optie' van genade beschikbaar hebben.

Onszelf oordelen betekent eenvoudig om onze harten en daden te onderzoeken, en om tot de erkenning en belijdenis te komen van iedere zonde die zich daarin bevindt. Dit gaat niet over onzelf schuldig voelen of om een last van schaamte op te nemen. Het gaat over het toegeven dat er iets fout zit en in strijd is met het Woord van God. Het woord bekering betekent eenvoudig het veranderen van onze manier van denken. Aangaande wat precies? Aangaande Jezus Christus en aangaande zonde. Om genade te kunnen ontvangen moeten we Jezus Christus accepteren als zijnde de beloofde Messias en als de Zoon van God. We moeten ook tot erkenning komen en iedere zonde toegeven waarvan de Heilige Geest ons overtuigt. Dit betekent feitelijk dat we voor het aangezicht van God toegeven dat we schuldig zijn aan zonde en dat we Zijn vergeving en genade nodig hebben. Dat is wat het betekent om onszelf te oordelen. Wanneer we dat doen, dan zegt het Woord van God dat Hij ons niet alleen zal vergeven, maar bovendien ook zal reinigen van alle ongerechtigheid (1 Johannes 1:9). We kunnen ons wellicht beschaamd voelen om de zonde die in ons leven is toe te geven. We kunnen ons wellicht schuldig of extreem schuldig voelen. Maar negeren is nooit een optie. De schaamte en het schuldgevoel zullen weggaan. Beiden kunnen een enorme berg lijken die niet overwonnen kan worden, maar dat lijkt alleen maar zo. De liefde en genade van God zijn zo extreem groot. En Zijn genade is iedere morgen weer nieuw. Wanneer we onszelf in lijn brengen met het Woord van God en met Zijn wil, dan is er ongelimiteerde genade. Hij zal de schaamte en de schuld van ons wegnemen. Hij zal ons op iedere mogelijke wijze herstellen.

En dan is er het gedeelte waar het spreekt over het niet oordelen van onszelf. Dat is precies het tegenovergestelde van wat ik zojuist beschreven heb. Het betekent dat we onszelf en onze zonden rechtvaardigen. Het betekent dat we net doen alsof alles in orde is en dat we niets fout hebben gedaan, ook al hebben we gezondigd. Niet alleen voor de mensen om ons heen, maar erger nog, we kiezen er dan voor om de leugen te geloven dat we niets fout hebben gedaan. Een ander scenario, wat net zo slecht is, is dat we met onze mond toegeven en belijden, terwijl ons hart er niet bij betrokken is. Dit zijn de scenario's waar we op het punt staan te zondigen en waar we in ons hart zeggen dat we later wel weer om vergeving vragen, terwijl we er willens en wetens voor kiezen om door te gaan. Ik heb het dan niet over hen die gebonden zijn door zonde en bevrijding nodig hebben, maar over hen die liever voor de begeerten van het vlees kiezen, dan voor het doen van de wil van de Vader. Door dit te doen kiezen zij er willens en wetens voor om in een leugen te geloven. Wanneer de Bijbel zegt dat we onszelf moeten oordelen, dan betekent dit dat we eerst ons hart moet oordelen, voordat we met onze mond belijden. God zal altijd onze harten doorzoeken, om te zien of dat wat we spreken in overeenstemming is met wat er in ons hart leeft. Wanneer dat het geval is, dan worden onze belijdenissen en gebeden verhoord. Wanneer dat niet het geval is, dan hebben onze belijdenissen en gebeden geen enkele betekenis voor God. Ze zijn dan waardeloos. Een verspilling van tijd. God zal niets doen met deze belijdenissen en gebeden, omdat we onszelf dan niet werkelijk in ons hart geoordeeld hebben. Dat is wat de Bijbel bedoelt met de verzen over het Heilig Avondmaal.

Of we onszelf nu wel of niet in ons hart oordelen, vanaf de buitenkant kan alles prima op orde lijken. Want niemand kan zien wat er in ons hart leeft, dan alleen God. Sommigen hebben de gave gekregen om de harten van mensen te mogen zien, door de kracht van de Heilige Geest, maar de meeste mensen hebben dat niet. Hoe kunnen we dan zien of er iets fout zit of niet? Door de vruchten. In het geval van het Heilig Avondmaal wordt dit het meest duidelijk. Wanneer wij onszelf niet oordelen, dan heeft God geen andere keuze dan om ons te oordelen. Het Woord vermeldt drie soorten vruchten die plaatsvinden wanneer mensen zichzelf niet oordelen en waar het oordeel van God het overneemt. Deze vruchten zijn vrij schokkend:

1. Mensen werden zwak
2. Mensen werden ziek
3. Mensen stierven

Dit zijn niet de vruchten van het laatste oordeel. Dit zijn de vruchten van het hier en nu. God doet niet aan politiek. God doet niet aan schone schijn. Hij wil alleen maar eerlijkheid en gerechtigheid. Terugkijkend naar de gemeentes waar ik geweest ben, kan ik niet zeggen dat ik ooit iemand heb horen zeggen dat dit de reden is waarom veel mensen zwak en ziek worden, en zelfs sterven. Maar het is zeer reeel. Terwijl alles wat er nodig is alleen maar eerlijkheid in onze harten is en het maken van de keuze dat onze zonden ook zonden zijn en dat ze in tegenstelling tot het Woord van God zijn, gevolgd door de belijdenis van onze mond.

Sta op, HEERE God, hef Uw hand op, vergeet de ellendigen niet. Waarom lastert de goddeloze God? Waarom zegt hij in zijn hart: U zult geen rekenschap eisen? Ú ziet het wél, want U aanschouwt de moeite en het verdriet, opdat men het in Uw hand geeft; op Ú verlaat de arme zich, U bent geweest een Helper van de wees.
Psalm 10:12-14

Moeilijkheden, pijn, zwakheid en ziekte kunnen indicators van iets zijn. Het hoeft niet altijd veroorzaakt te zijn door zonde, maar het is een zeer reeele mogelijkheid. We zouden altijd oplettend moeten zijn en deze mogelijkheid moeten onderzoeken. De oordelen van God zijn niet gelimiteerd tot het Heilig Avondmaal. Dat noemde ik alleen als één van de vele voorbeelden van Gods oordelen in het hier en nu. Hij oordeelt over ieder gebied in ons leven en in de kerken. Hij vereist rekenschap. Onthoud goed dat Zijn doel nooit is om ons te veroordelen. Dat is niet wat Hij wil doen. Hij wil ons ook niet zien lijden onder de consequenties van onze zonden. Maar Hij zal die consequenties wel toestaan in onze levens, wanneer wij onszelf niet oordelen. Onthoud dat Jezus zei dat Zijn oordelen bedoeld zijn om mensen tot Hem te trekken, om hen die geestelijk blind zijn te doen zien en om hen die claimen te kunnen zien geestelijk blind te maken. Zijn einddoel is compleet en volledig herstel. Hij zal alle middelen inzetten om dat doel te bereiken, inclusief Zijn oordelen. Maar Zijn oordelen zijn ook niet gelimiteerd tot onze levens en kerken. Hij is de Rechter over alles. En Zijn oordelen gaan de gehele wereld over en groeien in intensiteit, terwijl we het einde van dit eon naderen.

Let er dan op dat u Hem Die spreekt, niet verwerpt. Want als zij niet zijn ontkomen die hem verwierpen die op aarde aanwijzingen van God deed horen, veelmeer zullen wij niet ontkomen, als wij ons afkeren van Hem Die vanuit de hemelen spreekt. Zijn stem bracht indertijd de aarde aan het wankelen. Nu echter heeft Hij openlijk verkondigd: Nog eenmaal zal Ik niet alleen de aarde, maar ook de hemel doen beven. Dit 'nog eenmaal' duidt op de verandering van de dingen die kunnen wankelen als van dingen die gemaakt zijn, opdat de dingen die onwankelbaar zijn, zouden blijven. Laten wij daarom, omdat wij een onwankelbaar Koninkrijk ontvangen, aan de genade vasthouden en daardoor God dienen op een Hem welgevallige wijze, met ontzag en eerbied. Want onze God is een verterend vuur.
Hebreeën 12:25-29

Volgens het woord van het verbond dat Ik met u sloot, toen u uit Egypte vertrok, en Mijn Geest, Die in uw midden stond: Wees niet bevreesd! Want zo zegt de HEERE van de legermachten: Nog één ogenblik, en dat is een korte tijd, dan zal Ik de hemel en de aarde, de zee en het droge doen beven. Ik zal alle heidenvolken doen beven. Zij zullen komen naar het verlangen van alle heidenvolken en Ik zal dit huis vullen met heerlijkheid, zegt de HEERE van de legermachten. Van Mij is het zilver en van Mij is het goud, spreekt de HEERE van de legermachten.

Haggai 2:6-9

Ja, deze gedeelten van de Bijbel spreken over deze tijd en de oordelen van God zullen over de aarde komen. Alles wat geschud kan worden zal worden geschud. En er is veel wat geschud kan worden. Zoveel mensen werken zo hard om het milieu te redden en om deze aarde te beheren, maar feit is dat alles wat zich in dit milieu en op deze aarde bevindt, onderhevig is aan bederf. Het kan niet gered worden. Alleen mensen kunnen gered worden. Al het andere zal vergaan. Sommige dingen kunnen niet voorkomen worden. De oordelen van God, en de verwijdering van de dingen die geschud kunnen worden, zijn zaken die niet voorkomen kunnen worden. Zijn gerechtigheid zal zegevieren. Zijn oordelen zullen dus over de aarde komen, over onze naties, over onze steden, over onze kerken en over onze levens. En wij staan in het centrum van deze gebeurtenissen.

Om mensen te kunnen herstellen en om iedereen de mogelijkheid te geven om te kunnen worden gered, genezen, bevrijd en hersteld, moet Gods gerechtigheid eerst hersteld worden. Zijn gerechtigheid is het fundament van alles en is niet iets wat lichtvaardig opgenomen moet worden. Zonder dat hebben we geen van die dingen. Zonder dat zal er nooit een opwekking komen. Zonder dat is een opwekking volledig uitgesloten. Zoals ik een poosje terug al zei zijn er twee mogelijkheden om Gods gerechtigheid te herstellen. De eerste is door Zijn oordelen, de tweede is door Zijn genade. Zijn oordelen zullen komen over ieder gebied waar zonde genegeerd of zelfs goedgekeurd wordt. Niets zal uitgesloten worden. Zijn genade zal komen over ieder gebied waar we zonde erkennen en belijden, met ons hart en met onze mond. Dus wat er met ons gebeurt, met onze kerken, met onze steden en met onze natie, hangt dus feitelijk van ons af. Maar zelfs wanneer Zijn oordelen over ons komen, dan zijn deze nog steeds bedoeld om ons wakker te schudden. Het betekent dat er iets fout zit en onze aandacht nodig heeft. Met name in dit tijdperk zullen zijn oordelen niet minder worden. Ze zullen toenemen. De stormen zullen komen, precies zoals Jezus dat al aangekondigd heeft. Als u denkt dat de situatie in de wereld makkelijker gaat worden, dan kunt u beter opnieuw denken. Dat zal nooit meer gebeuren. Het zal erger en erger worden, totdat het volgende punt is bereikt.

En ik zag toen het Lam het zesde zegel geopend had, en zie, er kwam een grote aardbeving, en de zon werd zwart als een haren zak, en de maan werd als bloed, en de sterren van de hemel vielen op de aarde, zoals een vijgenboom zijn onrijpe vijgen afwerpt als hij door een harde wind wordt geschud. En de hemel week terug als een boekrol die wordt opgerold. En alle bergen en alle eilanden werden van hun plaats gerukt. En de koningen van de aarde, de groten, de rijken, de oversten over duizend, de machtigen en alle slaven en vrije mensen verborgen zich in de grotten en tussen de rotsen in de bergen. En zij zeiden tegen de bergen en de rotsen: Val op ons en verberg ons voor het aangezicht van Hem Die op de troon zit, en voor de toorn van het Lam. Want de grote dag van Zijn toorn is aangebroken en wie kan dan staande blijven?
Openbaring 6:12-17

Naarmate we het einde naderen zal het alleen maar donkerder worden. Er liggen moeilijke tijden voor ons. Maar temidden van dat alles kunnen wij staan. Hoe erger en duisterder het wordt, hoe feller onze lichten kunnen schijnen. Het kan lijken alsof er geen hoop meer over is, terwijl we de oordelen zien toenemen, maar dat is verre van de waarheid. Er is nog steeds heel veel hoop over. Meer nog, een wereld in nood wacht op het openbaar worden van de zonen en dochters van God. Met name wanneer er moeilijke tijden aanbreken, dan gaan mensen op zoek naar antwoorden. Dat is het moment waarop wij beschikbaar moeten zijn. God zal nooit voor ons doen wat wij voor onszelf kunnen doen. Hij zal ons redden, genezen, bevrijden en herstellen. Maar Hij zal ons nooit forceren om onze zonden te belijden. Hij zal alleen laten zien dat er iets fout zit. Hij zal ons overtuigen van zonde. Maar wij moeten de actie ondernemen om te beslissen om die zonde toe te geven en te belijden. Dat is onze verantwoordelijkheid. Voor onze levens, onze gezinnen, onze kerken en voor ieder gebied waarover wij autoriteit hebben gekregen. God zal er ons verantwoordelijk voor houden.

Hoe meer oordelen er over de aarde komen, hoe meer God probeert om mensen tot Zich te trekken. Dat is het doel van Zijn oordelen. Om mensen wakker te maken! Om hen die blind zijn te doen zien en om hen die claimen te kunnen zien geestelijk blind te maken. Dat is niet iets verkeerds. Datgene wat verkeerd is is de reden waarom de oordelen plaatsvinden. Op het moment dat we beginnen te verlangen naar een opwekking, geloof ik dat dat Gods hart verheugt. Als we daar echt voor gaan, dan zal het altijd bij onszelf beginnen, in onze eigen harten. Van daaruit zal het naar de kerken gaan. Onze levens en kerken zullen tegen het Licht van God worden gehouden, totdat iedere ongerechtigheid zichtbaar wordt. Dan hebben we een optie. Om alles te negeren wat God openbaart, of om onszelf te vernederen en onze zonden te belijden. Op het moment dat wij onze zonden belijden, dan zijn wij terug in lijn met het Woord van God. Dan zal Hij ons herstellen. Dan wordt Zijn kracht vrijgezet. Dan kan Hij ons werkelijk gebruiken om een wereld in nood te bereiken. Maar vergis u niet, veel mensen verlangen naar God, maar ze verlangen ook naar echtheid.

Eén van de grootste redenen waarom mensen de kerk hebben verlaten is het gebrek aan echtheid. In veel gemeentes wordt zwakheid niet getoond. Het wordt verborgen achter een facade. We moeten op het punt komen waar alle facades omver gehaald worden en waar iedere zwakheid, tekortkoming en zonde zichtbaar wordt. We moeten begrijpen dat mensen naar ons kijken, als een voorbeeld van hoe het Christelijk leven zou moeten zijn. Als ze niet kunnen zien hoe wij met onze zwakheden, tekortkomingen en zonden omgaan, waar zouden ze dat dan wel moeten leren? De kerk moet weer een veilige omgeving worden om zonden te kunnen belijden, zonder geoordeeld te worden door broeders en zusters in Christus. Oordeel is bedoeld voor hen:

1. Die hun zonden nog niet zien
2. Die hun zonden nog niet beleden hebben
3. Die weigeren zich te bekeren

Maar het was en is nooit bedoeld om de mensen te oordelen die hun zonden erkennen en belijden, en die naar ons toe komen in hun momenten van zwakheid. Als wij deze mensen gaan oordelen, dan gebruiken we het als een systeem van straf en is genade verre van ons. De kerk moet een veilige omgeving zijn, waar mensen naast u staan en u willen helpen om te overwinnen, door de kracht van Jezus Christus. Dan kan een gemeente groeien. Alleen wanneer we eerlijk, nederig en zachtmoedig zijn ten opzichte van elkaar.

HOOFDSTUK 4

ALS DE KERK VERANDERT, DAN ZAL HET LAND VERANDEREN

Jaren geleden was ik net de geweldige Zalving aan het ontdekken, door de aanbiddingsmuziek van Terry MacAlmon, een aanbiddingsleider uit de Verenigde Staten. Terwijl ik één van zijn video's aan het bekijken was, hoorde ik hem plotseling iets opmerkelijks zeggen. Hij zei het volgende: "Zoals het de kerk vergaat, zo vergaat het de natie". Dat trok mijn aandacht. Het zette me aan het denken. Zou dat waar kunnen zijn? Maar later hoorde ik Derek Prince, één van mijn favoriete Bijbelleraren, ongeveer hetzelfde zeggen. Hij verwees onder andere naar een opwekking die had plaatsgevonden in Wales. Hun boodschap was: "Buig de kerk en de wereld zal buigen". Toen werd mijn aandacht getrokken naar een boodschap van David Wilkerson, wat al het bovenstaande bevestigde. Het werd me duidelijk dat de Heilige Geest me iets wilde onderwijzen.

In 2010 stond God ons toe dat wij onze eerste conferentie organiseerden, wat de Heart of Worship Conferentie 2010 werd. We waren zeer bevoorrecht om Terry MacAlmon als onze gast te mogen hebben, dus we hadden geweldige momenten van aanbidding. Er is niets zoals de tastbare aanwezigheid van onze Heer. Het was ook de eerste keer dat ik voor zo'n grote groep mensen zou spreken, wat me behoorlijk zenuwachtig maakte. Maar ik had een boodschap van God ontvangen en ik was bereid die te delen. En het zou verandering brengen. Dat geloofde en hoopte ik in ieder geval. In die tijd was ik nog naïef genoeg om te geloven dat alles mensen ook echt willen veranderen. Maar na afloop ontdekte ik dat de meerderheid alleen maar zegeningen en motivational talks wilden. Zolang het maar geen actie van hun zijde vereiste. Deze groep mensen zal nooit ook maar enige verandering zien, totdat zij Gods principes gaan begrijpen en daarnaar gaan handelen. Nadien ontving ik vele e-mails, van mensen die zichzelf Christen noemen, waarin serieuze vervloekingen naar mij toe werden gedaan. Ik was geschokt door de gemoedstoestand van de kerk in dit land. Het heeft mij op ruwe wijze wakker geschud en mijn naïviteit was op slag verdwenen. Was mijn boodschap verkeerd? Na al die aanklachten en onwaardige reacties kun je soms even in verwarring komen. Maar iedere keer dat ik het weer toetste en God om bevestiging vroeg, werd het woord weer bevestigd. Keer op keer.

In diverse andere studies van mij maak ik regelmatig melding dat de geestelijke wereld parallel loopt aan de natuurlijke wereld. Wanneer we de overwinning willen behalen, dan zullen we deze eerst in de geestelijke wereld moeten behalen. Wanneer we onze overwinning in de geestelijke wereld hebben behaald, dan worden de vruchten daarvan zichtbaar in de natuurlijke wereld. Laten we genezing als voorbeeld nemen. We weten dat Jezus ons alle autoriteit heeft gegeven die we nodig hebben (Lukas 10:19, Markus 16:17). We weten ook dat Zijn Woord zegt dat wij al genezen zijn (1 Petrus 2:24, Jesaja 53:5). Maar hoe passen we dat toe? In de geestelijke wereld is er maar een valuta die werkt: geloof. Het Woord van God zegt dat geloven komt door het horen (Romeinen 10:17), dus wanneer we het Woord van God gaan proclameren, dan beginnen we geloof te bouwen. We kunnen misschien starten met weinig of geen geloof, maar het geproclameerde Woord van God zal het doen groeien. Terwijl we dat doen nemen we het volgende in overweging:

1. Wie wij zijn in Christus
2. De autoriteit die Jezus ons gegeven heeft
3. Wiens woorden wij proclameren

Gods Woord vanuit uw mond is net zo krachtig als Gods Woord vanuit de mond van God Zelf. Want het Woord is van Hem.

Hoe meer we Zijn Woord proclameren, hoe meer ons geloof zal groeien, totdat geen enkele demon of gevallen engel ons nog iets anders wijs kan maken. Totdat we het werkelijk geloven. Dan hebben we onze overwinning in de geestelijke wereld. Als gevolg daarvan zal de vrucht in het natuurlijke zichtbaar worden en hebben we onze zichtbare overwinning. Dat is, in het kort, hoe het werkt. Als we geen overwinning hebben in de geestelijke wereld, dan hebben we ook geen overwinning in de natuurlijke wereld. Maar alles wat u overwint in de geest, zal ook een overwinning in uw natuurlijk leven zijn. U moet gewoon niet opgeven totdat u het heeft.

Op dezelfde manier als de geestelijke wereld parallel loopt aan de natuurlijke wereld, loopt ook de conditie van onze natie parallel aan de conditie van de kerk. Wanneer de kerk trots toestaat, dan zal trots ook een van de zonden van de natie zijn. Wanneer de kerk overspel toestaat, dan zal dat ook zichtbaar worden in de gehele natie. Het is een geestelijke regel, net zoals we de regels van de zwaartekracht hebben. We vallen nooit omhoog, altijd naar beneden. Dat is een natuurwet. Op precies dezelfde manier zal de conditie van de kerk ook altijd effect hebben op de conditie van de natie. Iedere zonde die u in de natie ziet is een vrucht van wat er in de kerk leeft.

En het zal zijn: zoals het volk is, zo is de priester. Ik zal hem zijn wegen vergelden en hem voor zijn daden doen boeten.
Hosea 4:9

Wanneer we kijken naar de conditie van ons land, wat zegt ons dat dan over de conditie van de kerk en de noodzaak tot verandering? Wanneer ik naar mijn eigen land – Nederland – kijk, dan is het alleszeggend. Het is verre van mooi. Maar waarom heeft de kerk zo'n grote verantwoordelijkheid? En waarom falen wij, als de kerk, op zoveel gebieden?

Als de kerk een groep hulpeloze mensen zou zijn, zonder enige mogelijkheid om iets te doen, dan zouden we geen verantwoording hebben. Maar dat is niet het geval. Ik zeg het nogmaals, Jezus heeft ons alle autoriteit gegeven (Lukas 10:19, Markus 16:17). Alles wat we nodig hebben, om de vijand te kunnen overwinnen en om echte verandering te krijgen in ons leven, in onze kerk, in onze steden en in ons land, ligt binnen ons bereik. Jezus Christus heeft alle autoriteit beschikbaar gemaakt voor ons, dus Hij heeft ons niet hulpeloos achtergelaten. Wij hebben dus de volledig Weg, de volledige Waarheid en het volledige Leven. Maar dat brengt wel verantwoording met zich mee. Het is onze verantwoordelijkheid om Zijn Woord te gebruiken om daarmee alles te oordelen wat er in ons hart leeft, alles wat er gebeurt in onze levens, in onze kerken, in onze steden en in ons land. Niet om onszelf of anderen mee te veroordelen, maar om onderscheid aan te brengen tussen goed en fout. Wij zijn niet voor niets het licht van de wereld. Dat is om in de duisternis te schijnen, zodat zij die nog niet kunnen zien in staat zijn om te zien. Als ze de Waarheid horen en het verwerpen, dan zijn zij verantwoordelijk. Maar als wij het niet delen en de Waarheid voor onszelf houden, dan zijn wij verantwoordelijk en zullen we verantwoordelijk worden gehouden. Wij, als de kerk, zijn verantwoordelijk voor de conditie van ons leven, onze kerk, onze stad en onze natie, omdat wij alle kracht en autoriteit hebben ontvangen om verandering te brengen. Of we die kracht en autoriteit wel of niet gebruiken, verandert niets aan onze verantwoordelijkheid. Wij zullen altijd verantwoordelijk zijn en worden gehouden. Negeer het als u wilt, maar op een dag zult u voor de rechterstoel van Jezus Christus staan en zal Hij verantwoording van u verlangen.

En die slaaf die de wil van zijn heer gekend heeft en geen voorbereidingen getroffen heeft en ook niet naar zijn wil gehandeld heeft, zal met veel slagen geslagen worden. Wie echter zijn wil niet gekend heeft en dingen gedaan heeft die slagen verdienen, zal met weinig slagen geslagen worden. En van ieder aan wie veel gegeven is, zal veel teruggevraagd worden en van hem aan wie men veel toevertrouwd heeft, zal

men des te meer eisen.
Lukas 12:47-48

Wanneer we voor de rechterstoel van Jezus Christus komen te staan, dan zal Hij ons niet alleen vragen wat we gedaan hebben, maar voornamelijk waarom we het gedaan hebben. Want het waarom beantwoordt namelijk wat er in ons hart geleefd heeft. Dan zal Hij u vragen wat u gedaan heeft met de verantwoordlijkheden die Hij u gegeven heeft. Dat is niet iets lichts. Er staan zielen op het spel en wij zijn het gereedschap dat God kiest te gebruiken om de verlorenen te bereiken. Maar het moet altijd met onszelf beginnen. We kunnen er niet op uit gaan om anderen te vertellen hoe zij moeten leven en hoe ze Jezus nodig hebben, wanneer wijzelf daar geen levend voorbeeld van zijn. Als wij geen levend voorbeeld zijn, dan zullen de mensen in ons land ook geen levend voorbeeld zijn. Als wij het Woord van God niet gebruiken om duidelijk onderscheid te brengen tussen gerechtigheid en ongerechtigheid, dan zal het land ook in ongerechtigheid blijven. Het resultaat daarvan is dat Gods oordelen over het land zullen komen. Maar zij zijn daar niet verantwoordelijk voor. Wij zijn dat. We kunnen ons hulpeloos voelen, maar dat zijn we niet. Dit is een zaak van geloof. Geloven wij dat wij de autoriteit hebben ontvangen? Alles is een keuze. We kunnen ervoor kiezen om hulpeloos te zijn. En dat is geen geldig excuus. We kunnen er ook voor kiezen om onze verantwoording te nemen.

Wanneer Ik de hemel sluit, zodat er geen regen valt, of wanneer Ik de sprinkhaan gebied om het land te verslinden, of wanneer Ik pest onder Mijn volk zend, en Mijn volk, waarover Mijn Naam is uitgeroepen, in ootmoed buigt en bidt, en zij Mijn aangezicht zoeken, en zij zich bekeren van hun slechte wegen, dan zal Ík vanuit de hemel horen, hun zonden vergeven en hun land genezen. Nu zullen Mijn ogen open zijn, en Mijn oren opmerkzaam zijn op het gebed van deze plaats.
2 Kronieken 7:13-15

Zeer bekende verzen uit de Kronieken. Vele decennia en eeuwenlang hebben veel Christenen geschreeuwd dat de natie zich moet bekeren van hun verkeerde wegen. Zij geloofden dat zij in een slechte positie verkeerden, met een tekort aan de regen, omdat het land zich niet wilde bekeren. Maar al die tijd, zelfs tot aan dit moment toe, was en is het precies andersom. Het land verkeert in een slechte toestand omdat de kerk zich niet wil bekeren. De kerk is verantwoordelijk, niet het land. Kijk maar naar de vruchten! God zegt: "en Mijn volk, waarover Mijn Naam is uitgeroepen". Over wie is Zijn naam uitgeroepen? Niet over het land. Wij, de volgelingen van Jezus Christus, zijn bij Zijn naam geroepen. Dit spreekt over ons. De sleutels zijn simpel. Als wij onszelf vernederen en bidden, Zijn aangezicht zoeken en ons bekeren van onze slechte wegen, dan zal Hij ons horen, ons vergeven en het hele land herstellen! Dus het hele land heeft er profijt bij wanneer de kerk bereid is om dat te doen. Op dezelfde manier zal ook het hele land eronder lijden, wanneer de kerk zich niet wil buigen. We hoeven alleen maar naar de vruchten te kijken. Zien we een land dat genezen is? Dan is de kerk gehoorzaam aan dit woord. Zien we nog steeds verwoesting en een land dat bergafwaarts gaat? Dan is de kerk nog steeds koppig en trots. De vruchten laten alles zien. Maar omdat de verantwoording aan ons toebehoort, zal ook het oordeel bij ons beginnen. Niet alleen aan het einde, maar al hier en nu.

Want nu is het de tijd dat het oordeel begint bij het huis van God; en als het eerst bij ons begint, wat zal het einde zijn van hen die het Evangelie van God ongehoorzaam zijn?
1 Petrus 4:17

Alles wat er in het land gebeurt is een vrucht van wat er in de kerk leeft. Hoe meer u ontvangt, des te meer verantwoording zult u dragen. Onze verantwoording zal nooit afnemen, alleen maar toenemen, naarmate God ons meer en meer openbaart. Als we slechte dingen zien gebeuren, en onze mond gesloten houden, dan zijn wij verantwoordelijk. De kerk van vandaag is gevuld met zonde. Het is volledig besmeurd met zonde. Alle dingen die God zo haat, en die Hij als zonde beschouwt, vinden plaats in de kerk, maar worden gerechtvaardigd onder de noemer van genade. We maken onszelf wijs dat alles in orde is. Want we zijn gered door de genade, dus zijn we niet langer onder de wet en vergeeft God ons alles, zelfs voordat we een zonde begaan. Hoe vreselijk misleid zijn we, wanneer we die onzin geloven? Als we niet op het punt van erkenning en belijdenis van zonde komen, dan zijn onze zonden gewoon niet vergeven. U kunt ervoor kiezen om te geloven dat u vergeven bent, terwijl u uw zonden rechtvaardigt, maar dan staat u toch een verassing te wachten bij het laatste oordeel. Ik zeg u dit niet om u te veroordelen. Het is beter dat u dit nu hoort, dan om erachter te komen wanneer u voor de rechterstoel van Jezus staat. Want dan zal er geen weg terug meer zijn. Maar nu, op deze dag, heeft u een keuze.

Wanneer de kerk bereid is om te buigen, dan zal het land volgen. Dat was de boodschap van een opwekking die een eeuw geleden plaatsvond. Het is nog steeds waar. Het vers uit 2 Kronieken 7:14 wordt vaak aangehaald, maar zelden opgevolgd. En wanneer mensen er echt iets mee doen, dan vervaagt het in veel gevallen alweer snel, totdat alles weer is zoals het was. Religieus en dood. Slechts enkele mensen zien de belangrijke belofte die volgt op 2 Kronieken 7:14. Want in vers 15 zegt God namelijk: "Nu zullen Mijn ogen open zijn, en Mijn oren opmerkzaam zijn op het gebed van deze plaats." Dat vertelt ons dat God Zijn ogen sluit en dat Hij onze gebeden niet opmerkt, wanneer we onszelf niet vernederen, niet Zijn aangezicht zoeken en wanneer we niet van onze slechte wegen afkeren. Dus wanneer we Zijn aandacht willen, dan zullen we acht moeten slaan op wat Hij hier zegt. Er zullen altijd mensen zijn die hierom lachen en zullen zeggen dat God hier tegen Israël sprak, niet tegen ons. Maar feit blijft dat deze woorden het karakter van God weergeven, Zijn eeuwige principes.

Jezus is nooit gekomen om Gods principes ongedaan te maken.

Hij kwam om een weg tot redding, genezing, bevrijding en herstel te bieden. Zijn leven was het ultieme voorbeeld van wat het Christelijk leven zou moeten zijn. Hij was nederig. Niet alleen door woorden, maar ook door daden. Hij regeerde door te dienen. Hij was sterk door zwak te zijn. Hij versloeg de dood door te sterven. Er was geen spoor van hoogmoed in Zijn leven. Dat is het soort houding dat u ook in de kerk zou moeten mogen verwachten. Als Jezus werkelijk in ons leeft, dan wordt dit zichtbaar door de vruchten. Het kan misschien nog niet perfect zijn, maar het verlangen om zoals Jezus te zijn zou aanwezig moeten zijn. Zijn verlangens werden niet gemotiveerd door zelfpromotie of persoonlijke ambities, noch door de verlangens van het vlees. Hij deed zelfs geen poging om Zijn aardse bediening te bouwen of promoten. Hij was slechts gericht op het doen van de wil van de Vader. En de wil van de Vader was en is eenvoudig om te redden, te genezen, te bevrijden en te herstellen. Geen van deze dingen kan bereikt worden, wanneer zonde genegeerd wordt en er niet mee wordt afgerekend.

Ik maakte altijd geintjes over de regio waar ik voorheen woonde, door deze de 'dry bone valley' te noemen, maar het was niet ver van de waarheid. De geestelijke conditie van het land is als een berg dorre beenderen. Er zit geen leven in. Geen kracht. Vrijwel niemand maakt zich zorgen over de conditie van het land. De term 'opwekking' is een soort hype geworden, een surrogaat voor grote tekenen en wonderen. Alsof een opwekking voor ons entertainment wordt gegeven. Maar een opwekking zal nooit plaatsvinden alvorens Zijn gerechtigheid is hersteld. En als we vragen om een opwekking, zonder onze zonden te belijden, dan vragen we om Zijn oordelen. De enige reden waarom een opwekking al zolang is weggebleven uit ons land, kan samengevat worden in enkele woorden: ontkenning van zonde.

En dan zegt u nog: Voorzeker, ik ben onschuldig, ja, Zijn toorn is van mij afgewend. Zie, Ik ga met u een rechtszaak voeren,

omdat u zegt: Ik heb niet gezondigd.
Jeremia 2:35

Daarom werden de regendruppels ingehouden en is er geen late regen geweest. U hebt het voorhoofd van een hoer, u weigert daarvoor beschaamd te zijn.
Jeremia 3:3

De tijden die komen zullen niet makkelijker worden. De conditie van het land weerspiegelt de conditie van de kerk op zeer accurate wijze, zoals het Woord van God ook zegt. Maar het biedt ons een unieke mogelijkheid. Wij, als de kerk, kunnen onszelf gaan toetsen en oordelen aan de hand van de conditie van ons land. Hoe meer bewust we zijn, hoe meer we bereid zijn om daarnaar te handelen, hoe meer Gods oordelen voorkomen kunnen worden. Maar zelfs wanneer Gods oordelen komen, dan biedt het ons nog steeds de mogelijkheid om in actie te komen. Wanneer het lichaam van Christus verantwoording neemt en doet wat God vereist, dan is er eenvoudig geen reden voor oordelen. Maar zolang de oordelen komen, en zolang de regen en de late regen worden teruggehouden, betekent het dat God onze aandacht wil en dat er werk aan de winkel is.

HOOFDSTUK 5

EEN VERANDERING VAN HART

Daar waar religie u zo hard mogelijk zal laten werken om de "perfecte Christen" te worden, zal een ware relatie dat niet doen. Het is nooit de bedoeling geweest dat u zo hard mogelijk werkt om uzelf te veranderen. Dat is niet waar het Christendom over gaat. Het heeft niets te maken met uw eigen inspanningen, maar meer met de gelijkenis van Christus. De gelijkenis met Christus kan in een woord omschreven worden: afhankelijkheid. En dat gaat volledig in tegen onze menselijke natuur. We hebben allemaal de neiging om onszelf eerst goed en perfect te maken, voordat we onszelf aan God presenteren. Wanneer we zonde hebben begaan, dan hebben we de neiging om daar eerst vanaf te komen, voordat we terug naar God gaan. Dus in veel gevallen werken we zo hard mogelijk om onszelf te veranderen. Maar dan is er het probleem met het oplossen van zonde. Er zijn geen grijze gebieden in ons leven. Het is zwart of wit. Goed of slecht. Alles wat niet goed is is slecht en heeft verandering nodig. Maar de enige verandering die blijvend is is radicale verandering. Het soort verandering dat uw leven omkeert. Dat is de enige vorm van verandering die acceptabel is voor God. Dit is mijn meest eerlijke ervaring met het proberen om zonde te verslaan. Hoe harder u probeert, hoe harder u faalt, hoe harder u valt. Dat doet de vraag ontstaan wat wij dan wel kunnen doen om van zonde af te komen en om die radicale verandering te krijgen die nodig is in onze levens. Dit is wat Jezus daarover zei.

Als dan uw rechteroog u doet struikelen, ruk het uit en werp het van u weg, want het is beter voor u dat een van uw lichaamsdelen te gronde gaat en niet heel uw lichaam in de hel geworpen wordt. En als uw rechterhand u doet struikelen, hak hem af en werp hem van u weg, want het is beter voor u dat een van uw lichaamsdelen te gronde gaat en niet heel uw lichaam

in de hel geworpen wordt.
Mattheus 5:29-30

Dat is radicale taal. Het lijkt er zelfs op dat Jezus ons hier de oplossing voor ons probleem geeft. Dus laten we onze bijlen en messen slijpen, want er is wat hak en snijwerk te doen. Echt? Natuurlijk niet. Wat zegt Hij hier dan? De sleutelwoorden in dit Bijbelgedeelte zijn de woorden "als" en "doet struikelen". Als het uw oog zou zijn dat u doet struikelen (letterlijk: in zonde verstrikt doet raken), dan zou u uw oplossing hebben door het eruit te rukken. Als het uw rechterhand zou zijn dat u doet struikelen (wederom letterlijk: in zonde verstrikt doet raken), dan zou u uw oplossing hebben door deze af te hakken. Dan zou u een leven vrij van zonde hebben en zou u eeuwig leven in de hemel hebben, ook al zou uw lichaam verminkt zijn. Dat is er vanuit gaande dat het uw oog of uw hand zou zijn. Maar we hebben het hier over de oorzaak. En het feit is dat noch uw ogen, noch uw handen de oorzaak van uw zondes zijn. In veel gevallen voeren die slechts de zonde uit die reeds volgroeid is. De oorzaak is echter totaal verschillend.

U hebt gehoord dat tegen het voorgeslacht gezegd is: U zult geen overspel plegen. Maar Ik zeg u dat al wie naar een vrouw kijkt om haar te begeren, in zijn hart al overspel met haar gepleegd heeft.
Mattheus 5:27-28

Dat gaat dieper. Veel dieper. We moeten begrijpen dat de zonde zelf niet slechts een actie is. Zonde is een proces, een reeks van acties. En hier beschrijft Jezus het begin van dat proces. Veel mensen denken dat dit alleen op overspel van toepassing is, maar het gaat veel verder dan dat. Jezus gaf alleen een algemeen voorbeeld, om aan te tonen hoe het proces werkt en hoe God het ziet. Later ging Hij specifieker in op de conditie van het menselijk hart.

Want uit het hart komen voort kwaadaardige overwegingen,

alle moord, overspel, ontucht, diefstal, valse getuigenissen, lasteringen.
Mattheus 15:19

Als we de eerdere oplossing die Jezus gaf hier zouden toepassen, dan zouden we een enorm probleem hebben. Het is niet ons oog en niet onze hand die ons in zonde verstrikt doen raken. Het is ons hart. Wat zouden we daaraan moeten doen? Het uitrukken? Het eruit snijden? Dat zou ons onmiddellijk doden. Dus wat Jezus hier duidelijk maakt is dat er niets is dat wij kunnen doen om af te rekenen met de oorzaak van onze zondes. Jezus maakt zeer duidelijk dat we hulp nodig hebben. Anders zijn we veroordeeld tot een leven van zonde, zonder hoop om vrij te kunnen worden.

De bijl ligt zelfs al aan de wortel van de bomen; elke boom dan die geen goede vrucht voortbrengt, wordt omgehakt en in het vuur geworpen.
Mattheus 3:10

Johannes de Doper zei al dat Jezus zou komen om een aantal dingen te doen. Een van die dingen is om de bijl aan de wortel van de boom te leggen, wat een beeld is van de volgroeide zondes in het menselijk leven. Hij benadrukte ook dat de enige oplossing om van zonde af te komen is om deze af te hakken bij de wortel. Zolang de wortel onaangetast blijft zal het altijd doorgaan met het voortbrengen van zonde, keer op keer. Aangezien Jezus aangaf dat het menselijk hart de wortel van onze zonden is, moet de verandering daar beginnen. Maar dat begint bij de erkenning en belijdenis van zonde en van de conditie van ons menselijk hart. Zolang we onze conditie niet zien, herkennen en erkennen, kunnen we niet verder. Als we het wel zien, maar niet erkennen, dan hebben we een groot probleem met God.

Hij is wijs van hart en sterk van kracht; wie heeft zich tegen
Hem verhard en vrede gehad?
Job 9:4

Dat is een uitstekende vraag. Het antwoord daarop is: niemand.
Want wat is het resultaat wanneer we zonde in ons leven
hebben en wanneer we weigeren om er iets mee te doen? Wat
is het resultaat wanneer we beginnen met het rechtvaardigen
van onze zondige daden? Wat gebeurt er wanneer we zonde
als gerechtigheid gaan beschouwen en afwijken van het Woord
dat God ons gegeven heeft? Dan wijkt God van ons!

Als wij zeggen dat wij geen zonde hebben, misleiden wij onszelf
en is de waarheid niet in ons. Als wij onze zonden belijden: Hij
is getrouw en rechtvaardig om ons de zonden te vergeven en
ons te reinigen van alle ongerechtigheid. Als wij zeggen dat wij
niet gezondigd hebben, maken wij Hem tot leugenaar en is Zijn
woord niet in ons.
1 Johannes 1:8-10

Ja, God zal van ons wijken en we zullen er weer alleen voor
staan. Want wanneer Zijn Woord niet in ons is, is Jezus niet in
ons, want Hij is het Levende Woord. Waar begint dat? In onze
harten. We kunnen het herkennen aan de vruchten, maar God
ziet het al wanneer de zonden nog niet volgroeid zijn. En Zijn
oordeel is niet alleen aan het einde van een leven, of op het
moment wat veel mensen de dag des oordeels noemen. Hij
oordeelt doorlopend.

De HEERE zal over de volken rechtspreken. Doe mij recht,
HEERE, want ik ben rechtvaardig en oprechtheid is bij mij. Laat
er toch een einde komen aan de slechtheid van de goddelozen,
maar doe de rechtvaardige standhouden, o rechtvaardige God,
Die harten en nieren beproeft.
Psalm 7:9-10

Wie wordt door God gered? De oprechten van hart. Alleen zij

die menen wat ze zeggen. Als de woorden van onze monden overeenkomen met de overleggingen van onze harten, en wanneer deze in lijn zijn met het Woord van God, dan zal Hij ons redden. Met andere woorden, ons leven kan in een slechte staat verkeren en we kunnen nog steeds zonden in ons leven hebben, maar wanneer we de oprechte bereidheid hebben om te veranderen, dan zal God ons altijd te hulp komen. Maar als we belijden te willen veranderen, terwijl we een of meer zonden koesteren, dan zal er nooit verandering komen en zullen geen van deze zonden vergeven worden. We moeten een beslissing maken. God vraagt niet of we kunnen veranderen, want Hij weet dat we dat niet kunnen in eigen kracht. Hij vraagt ons of we willen veranderen. Dat betekent dat we moeten kiezen wat we willen.

Eén van de meest indrukwekkende gebeurtenissen in de Bijbel is het moment waarop God Salomo bezoekt en hem vraagt wat hij wil. Hij mocht alles vragen wat hij maar wou, ongeacht wat, en God zou het hem geven. Zelfs de sky was niet de limit. Toch was Salomo niet gericht op materiele bezittingen, bekendheid of kracht. Hij zag zijn conditie en het gat dat zijn vader, koning David, had achtergelaten. Hij realiseerde zich dat hij nooit in staat zou zijn om Gods volk te leiden, op een manier die welgevallig zou zijn voor God. Hij realiseerde zich dat hij op zoveel gebieden tekortschoot, maar toch was het zijn verlangen om God te behagen. Dat is waarom hij vroeg om iets wat hem kon helpen om dat te bereiken, in plaats van al het andere wat hij had kunnen vragen. Hij vroeg om de wijsheid en het inzicht die hij nodig had om Gods volk te leiden.

Toen zei God tegen Salomo: Omdat dit in uw hart geweest is en u geen rijkdom, bezittingen en eer gevraagd hebt, of het leven van wie u haat, of zelfs niet een lang leven gevraagd hebt, maar wijsheid en kennis voor uzelf gevraagd hebt, zodat u over Mijn volk, waarover Ik u koning gemaakt heb, zou kunnen rechtspreken, daarom is de wijsheid en de kennis aan u gegeven. Verder zal Ik u rijkdom, bezittingen en eer geven,

zoveel als de koningen vóór u niet gehad hebben en zoveel als
de koningen na u niet zullen hebben.
2 Kronieken 1:11-12

We kunnen God niet voor de gek houden. Wanneer we Hem
iets vertellen, dan kijkt Hij dwars door ons heen, alsof we van
glas zijn. Hij kijkt altijd naar ons hart, wanneer we Hem iets
vertellen. Wanneer dat niet overeenkomt, dan zal er niets
gebeuren. Dan hebben we alleen maar dode en nutteloze
religie. Maar wanneer het wel overeenkomt, dan zal Hij, net
zoals bij Salomo, tot extreme lengtes gaan om ons te helpen
en ons te zegenen in alles wat we doen. U kunt zich wellicht
afvragen wat dit alles met een opwekking te maken heeft?
Omdat het hart het begin daarvan is.

Veel mensen kijken naar opwekkingen zoals ze naar feesten
kijken. Veel "feel good" momenten, enorme tekenen en
wonderen, een plotselinge uitbarsting van vreugde, voorspoed,
zegeningen enz.
Maar feit is dat geen van de ware opwekkingen ooit zo begonnen
is. Ja, deze dingen zullen er uiteindelijk uit voortkomen.
Maar het is niet hoe het begint. Iedere opwekking begint
met een openbaring van ons eigen hart en van alles wat daar
plaatsvindt. Wanneer het vuur en de glorie van God dichtbij
komen, dan zal het iedere zwakte, iedere tekortkoming en
letterlijk iedere zonde blootleggen. Waarom doet God dat?
Niet om ons aan te klagen, dat is zeker. Hij doet dat om aan te
tonen dat we moeten veranderen. En dat is precies waar het
Christendom over gaat. Verandering. Echte verandering. Ogen
die gericht zijn op Jezus. Harten die volledig hersteld zijn.
Maar alleen God kan dat voor ons doen. Dat heeft Hij met opzet
zo gedaan. Want als we onszelf niet kunnen veranderen, wat
maakt ons dat dan? Juist, het maakt ons volledig afhankelijk.
Niet het soort afhankelijkheid waarbij er nooit iets gebeurt,
maar het soort afhankelijkheid waar Hij ons laat zien Wie Hij
werkelijk is. Een liefdevolle Vader Die Zijn enige Zoon voor
ons gegeven heeft. Voor iedere zonde, iedere zwakheid en

iedere tekortkoming die u heeft of ooit zult hebben. Wanneer we ons beginnen te realiseren hoe slecht onze conditie is, hoe zondig het menselijk hart is, dan beginnen we het uit te roepen om Zijn genade. Maar om dat te kunnen zien hebben we eerst openbaring nodig. We moeten het gedeelte van ons leven onder ogen komen dat we liever niet zien. We moeten erkennen dat we in een slechte staat verkeren en verandering nodig hebben. Alleen dan zullen we de werkelijke waarde van de gave van genade kennen. Maar het gaat verder dan dat. God heeft ons namelijk niet alleen genade gegeven, Hij geeft nog meer.

Dan zal Ik u een nieuw hart geven en een nieuwe geest in uw binnenste geven. Ik zal het hart van steen uit uw lichaam wegnemen en u een hart van vlees geven. Ik zal Mijn Geest in uw binnenste geven. Ik zal maken dat u in Mijn verordeningen wandelt en dat u Mijn bepalingen in acht neemt en ze houdt.
Ezechiël 36:26-27

De meeste kerken zullen u onderwijzen over redding. Als u geluk heeft zit u zelfs in een gemeente waar ze u leren over de Heilige Geest en over hoezeer we Hem nodig hebben. Maar slechts weinige kerken onderwijzen over de noodzaak van een veranderd hart. Het "oude" menselijk hart kan niet gerepareerd worden. God zal nooit met ons vleselijk hart aan de slag gaan. Maar als we het willen, en als we er om vragen, dan kan en zal Hij ons een volledig nieuw hart geven. Dat zal niet automatisch gebeuren. We moeten eerst zien hoe hard we dat nodig hebben. Waarom? Omdat we anders weer in precies dezelfde vallen lopen. Dus waar moeten we beginnen? In het Woord van God. Alleen het Woord van God heeft de kracht om u te veranderen. Want Jezus is het Levende Woord. Hoe meer u in Zijn Woord blijft, hoe meer u in Hem blijft. En wanneer u dat doet, dan zal het alles in beweging zetten. En het zal verandering brengen. Echte verandering. Maar we moeten vragen. We moeten er oprecht naar op zoek gaan. We moeten blijven kloppen op Zijn deur (Mattheus 7:7). Wat betekent dat? Het betekent dat we moeten bidden. Het betekent dat we tijd moeten doorbrengen in Zijn Woord. Niet slechts een paar verzen vluchtig lezen, maar met onze volledige aandacht en met als doel om het echt te begrijpen. En we moeten doorzettingsvermogen en uithoudingsvermogen hebben. Met andere woorden, we moeten het echt willen om het te krijgen. We moeten er eerst de waarde van inzien, voordat God ons toestaat om het te ontvangen. Maar wanneer we dat doen, dan zal er geen deur voor ons gesloten blijven.

U hebt de wens van de zachtmoedigen gehoord, HEERE, U zult hun hart versterken, Uw oor zal er acht op slaan om de wees en de verdrukte recht te doen. Dan zal een aardse sterveling voortaan geen geweld meer bedrijven.
Psalm 10:17-18

Hoor toch dit, dwaas volk, zonder verstand, zij hebben ogen, maar zij zien niet, zij hebben oren, maar zij horen niet. Zou u voor Mij niet bevreesd zijn, spreekt de HEERE, of zou u voor Mijn aangezicht niet beven? Ik, Die het zand gemaakt heb tot een grens voor de zee, een eeuwige verordening, die zij niet zal overschrijden. Al kolken haar golven, zij zullen niets kunnen uitrichten, al bruisen zij, zij zullen hem niet overschrijden. Maar dit volk heeft een opstandig, ongehoorzaam hart, zij zijn afgeweken, zij gingen hun eigen weg. Ze zeggen niet in hun hart: Laten wij toch de HEERE, onze God, vrezen, Die de regen geeft, zowel vroege regen als late regen, op zijn tijd, Die de vastgestelde weken van de oogst voor ons bewaakt.
Jeremia 5:21-24

Wanneer zullen we terugkeren tot God? Wanneer zullen wij onszelf weer vernederen en Degene vrezen Die ons geschapen heeft? Zoals u misschien wel weet zijn de vroege en de late regen een beeld van de uitstorting van Zijn Geest, wat wij dan weer opwekking noemen. Wanneer de regen van Zijn Geest begint te vallen, dan is dat het moment waar verandering begint plaats te vinden, diep binnenin ons. Maar we moeten onzelf vernederen en we moeten toegeven dat we Hem nodig hebben. Zonder Jezus kunnen we niets doen. Niets wat van waarde is. We kunnen onze religieuze diensten houden, maar we zullen nooit iets hebben wat God behaagt, totdat de verandering van binnenuit begint te komen. Alleen de Geest van God kan ons daarmee helpen. De weg om daar te komen is om onszelf te vernederen voor God en om onze afhankelijkheid van Hem te belijden, terwijl we onze zonden belijden. Jezus is een expert in het afrekenen met zonde. Hij heeft ervoor betaald. Wanneer we onze zonden aan Hem geven, dan zal Hij ermee afrekenen en is er vergeving en genade. Alleen dan zal de Geest van God het overnemen en alles herstellen en veranderen. De beslissing is aan ons. Gaan we door met leven in ontkenning? Of komen we tot de erkenning en belijdenis van onze zonden? De keuze is aan ons.

HOOFDSTUK 6

WANNEER HET VUUR VALT

In de voorgaande studies hebben we vele malen benadrukt dat het Christelijk leven gaat om de verandering. Echte verandering, die diep binnenin ons plaatsvindt, in onze harten. Als we getuigen over Jezus Christus en over hoe geweldig Hij is, dan moeten onze levens daar het bewijs van zijn. Dat is de enige manier waarop mensen in staat zijn om een stukje van Jezus op deze aarde te zien. Ik heb het niet in de eerste plaats over verandering van daden, hoewel dat er deel van uitmaakt, maar het begint met een verandering van karakter. Natuurlijk kunnen we dat niet uit eigen kracht doen. We hebben de Heilige Geest nodig om ons te helpen dat te bereiken.

In de afgelopen eeuw hebben veel charismatische kerken het belang van de Heilige Geest herontdekt en dat ook benadrukt in hun onderwijs, wat een ware zegen was en is. Maar het gaat nog verder. Naast onze kostbare Heilige Geest is er nog iets waar Jezus ons mee doopt. En dat is met Zijn vuur.

Ik doop u wel met water tot bekering, maar Hij Die na mij komt, is sterker dan ik; ik ben het niet waard Hem Zijn sandalen na te dragen. Hij zal u dopen met de Heilige Geest en met vuur.
Mattheus 3:11

Wanneer we spreken over het vuur van God, dan zijn veel mensen daar vaak bang voor. Velen associëren het vuur van God met het vuur van de hel, wat natuurlijk niet echt een prettige gedachte is. Maar dat is niet het soort vuur waar Johannes de Doper hier over sprak. Er is een vuur van veroordeling, maar er is ook een vuur van reiniging, heiliging en passie. En dat is het vuur waar we het hier over hebben. Dat vuur is geen fysiek natuurlijk vuur, het is geen beeldspraak en het is niet iets denkbeeldigs. Het is een echt vuur, maar het is een geestelijk vuur. Soms mogen we het zien, maar soms zien we ook niets. In het geval van de eerste uitstorting van de Heilige Geest, tijdens Pinksteren, mochten de mensen het wel zien.

En plotseling kwam er uit de hemel een geluid als van een geweldige windvlaag en dat vervulde heel het huis waar zij zaten. En aan hen werden tongen als van vuur gezien, die zich verdeelden, en het zat op ieder van hen. En zij werden allen vervuld met de Heilige Geest en begonnen te spreken in andere talen, zoals de Geest hun gaf uit te spreken.
Handelingen 2:2-4

Hier vond iets opmerkelijks plaats. Probeer u eens voor te stellen in wat voor positie de apostelen zich bevonden. Ze hadden gezien hoe Jezus was gemarteld en vermoord, op de meest gruwelijke wijze. Ze hadden gezien hoe Hij was opgewekt uit de dood. Ze hadden gezien hoe Hij terugkeerde naar de Hemel. En nu waren ze helemaal alleen, zonder Hem. En zij volbrachten wat zij waarschijnlijk beschouwden als de laatste opdracht van Jezus. Ze waren samengekomen in Jeruzalem en ze waren aan het wachten. Het waren geen helden. Zeer waarschijnlijk waren ze ook gewoon bang. Maar toen gebeurde dit. De Heilige Geest nam het over, daar waar Jezus Zijn aardse bediening geëindigd had. Opeens waren ze vervuld met kracht en vrijmoedigheid. Het was alsof God de reset knop had ingedrukt en hen een nieuwe start had gegeven. De komst van de Heilige Geest veranderde alles. Het vuur van God had hen in vuur en vlam gezet. In dit geval resulteerde dat in het ontvangen van de kracht en vrijmoedigheid die ze nodig hadden om hun angst en menselijke zwakheid te overwinnen. Maar het vuur van God doet nog meer.

Want iedereen zal met vuur gezouten worden en ieder offer zal met zout gezouten worden. Het zout is goed, maar als het zout zoutloos wordt, waarmee zult u het smakelijk maken? Heb zout in uzelf en leef met elkaar in vrede.
Markus 9:49-50

De eerste 'zouting' is altijd met vuur. Het is het vuur dat diep gaat. Het is het vuur dat alles wat onrein en zondig is ontmaskert. Het is het vuur dat kan en zal afrekenen met de wortel van onze zonden, als we dat toestaan. Het bloed van Jezus Christus heeft ons verzoening gebracht. Het bloed van Jezus Christus heeft ons leven een acceptabel offer voor God gemaakt. Maar dat betekent niet dat we niet in staat zijn om te zondigen. De echte verandering begint wanneer het vuur van de Heilige Geest komt. Als we het vuur toestaan om diep te gaan, dan zal het vuur reinigen. Het vuur zal alle geestelijke bederfelijkheid wegbranden. Wat is het dat bederfelijkheid brengt in onze levens? Dat is ons vleselijk hart. Dus dat is waar het vuur begint.

De zondaars in Sion zijn angstig, huiver heeft de huichelaars aangegrepen: Wie onder ons kan verblijven bij een verterend vuur? Wie onder ons kan verblijven bij een eeuwige gloed? Hij die wandelt in gerechtigheid en billijk spreekt, die winstbejag door afpersing verwerpt, die zijn handen afwerend schudt om geen geschenken aan te nemen, die zijn oor dichtstopt om niet van bloedvergieten te horen, die zijn ogen sluit om het kwaad niet te zien – die zal wonen op de hoogten; bergvestingen op de rotsen zullen zijn veilige vesting zijn, zijn brood wordt hem gegeven, van water is hij verzekerd.
Jesaja 33:14-16

Hier zien we een duidelijk voorbeeld uit de Bijbel, waaruit blijkt dat het vuur van God geen mensen vernietigt. Dus dit is een ander soort vuur dan het vuur van veroordeling. Maar wat verteert het dan wel? Ik geloof dat het onze zelfrechtvaardiging verteert. De Bijbel leert ons dat ieder mens schuldig is aan zonde en redding nodig heeft (Lees 1 Johannes 1). Jezus Christus heeft ons geleerd dat de oorzaak van ons probleem het menselijk hart is (Lees Mattheus 15:19). Het vuur van de Heilige Geest zal ons reinigen, maar het zal ook iedere zwakheid, iedere onreinheid en iedere zonde van ons leven en van ons hart blootleggen. Wanneer het vuur van God nabij komt, dan wordt het pijnlijk duidelijk in wat voor conditie wij verkeren, in vergelijking tot de heiligheid van God. Dat is in beginsel geen prettige ervaring. Dus het vuur van God beschuldigt ons van zonde? Verre van. Het legt iedere zonde bloot, verborgen of niet. Met welk doel? Zodat we ermee af kunnen rekenen. God wil iedere legale grond, die de vijand nog in ons leven heeft, verwijderd zien uit ons leven. Op de plaatsen waar de vijand nog legale grond in ons leven heeft, dat zijn de plaatsen waar nog zonde is, daar kan God ons niet zegenen. Toch wil Hij ons zegenen. Hij wil dat we vrij zijn. Waarom heeft Hij anders zo'n hoge prijs betaald?

Ik ben gekomen om vuur te werpen op de aarde en wat wil Ik nog meer, nu het al ontstoken is! Maar Ik moet met een doop gedoopt worden, en hoe beklemt het Mij, totdat het volbracht is. Denkt u dat Ik gekomen ben om vrede te brengen op de aarde? Nee, zeg Ik u, maar eerder verdeeldheid. Want van nu aan zullen er vijf in één huis verdeeld zijn, drie tegen twee en twee tegen drie. Zij zullen tegen elkaar verdeeld zijn: vader tegen zoon, en zoon tegen vader, moeder tegen dochter, en dochter tegen moeder, schoonmoeder tegen haar schoondochter, en schoondochter tegen haar schoonmoeder. En Hij zei ook tegen de menigte: Wanneer u een wolk ziet opkomen vanuit het westen, zegt u meteen: Er komt regen. En zo gebeurt het. En als er een zuidenwind waait, zegt u: Er komt hitte. En het gebeurt. Huichelaars, de aanblik van de aarde en van de hemel weet u te duiden. Hoe kan het dan dat u deze tijd niet weet te duiden?
Lukas 12:49-56

Eén van de doelen van Jezus Christus was en is om vuur naar de aarde te sturen. Toch was het vuur nog niet ontstoken toen Jezus dit zei. Dit was één van de vele omwisselingen die Jezus voor ons gedaan heeft aan het kruis. De doop waar Hij over sprak was de doop in al onze zonden, zonder dat Hij Zelf ooit zonde had begaan. Hij werd letterlijk ondergedompeld in onze zonden, totdat Hij er volledig van doordrenkt was. Door dit te doen stelde Hij ons in staat om ondergedompeld te worden in het vuur van God, totdat wij er volledig van doordrenkt zijn. Wanneer dat gebeurt, dan is dat het moment waarop de echte verandering begint. Die echte verandering is het enige getuigenis dat waarde heeft. Echtheid is het enige wat ertoe doet. Zelfs wanneer dat betekent dat we toe moeten geven dat we nog ver zijn van waar we zouden moeten zijn. Dat is al een begin. Dat is tenminste eerlijk. Ik geloof dat wij onszelf continu zouden moeten toetsen en onszelf zouden moeten afvragen of we nog steeds het juiste doen in onze levens, kerken en bedieningen. Onszelf toetsen is niet verkeerd. Door dat te doen kunnen we ontdekken of we nog steeds op de juiste weg zitten of niet. Indien niet, dan kunnen we dit reeds in vroeg stadium ontdekken, misschien zelfs wel voordat het pijnlijk wordt. Dan kunnen we er iets aan doen. Maar het laatste wat we zouden moeten doen is doen alsof, zoals veel mensen in de tegenwoordige kerk doen. Het is niet nuttig, het brengt meer schade dan u zich kunt voorstellen en het jaagt mensen weg. Wat mensen nodig hebben is een voorbeeld waar ze zichzelf in kunnen herkennen. Door te laten zien hoe wij omgaan met onze zonden en tekortkomingen, kunnen we een voorbeeld zijn wat anderen kunnen volgen. Maar door het te verbergen laten we alleen maar een hoop hypocriet gedrag zien. Wanneer het vuur komt, dan zal alles geopenbaard zijn. We kunnen in het verleden met veel dingen weggekomen zijn, maar in de komende tijd zal alles geschud gaan worden. En het zal getest worden met vuur. Inclusief uw leven, kerk en bediening.

Want niemand kan een ander fundament leggen dan wat gelegd is, dat is Jezus Christus. Of nu iemand op dit fundament bouwt met goud, zilver, edelstenen, hout, hooi of stro, ieders werk zal openbaar worden. De dag zal het namelijk duidelijk maken, omdat die in vuur verschijnt. En hoe ieders werk is, zal het vuur beproeven. Als iemands werk dat hij op het fundament gebouwd heeft, standhoudt, zal hij loon ontvangen. Als iemands werk verbrandt, zal hij schade lijden. Hijzelf echter zal behouden worden, maar wel zo: als door vuur heen.
1 Korinthe 3:11-15

Let er dan op dat u Hem Die spreekt, niet verwerpt. Want als zij niet zijn ontkomen die hem verwierpen die op aarde aanwijzingen van God deed horen, veelmeer zullen wij niet ontkomen, als wij ons afkeren van Hem Die vanuit de hemelen spreekt. Zijn stem bracht indertijd de aarde aan het wankelen. Nu echter heeft Hij openlijk verkondigd: Nog eenmaal zal Ik niet alleen de aarde, maar ook de hemel doen beven. Dit 'nog eenmaal' duidt op de verandering van de dingen die kunnen wankelen als van dingen die gemaakt zijn, opdat de dingen die onwankelbaar zijn, zouden blijven. Laten wij daarom, omdat wij een onwankelbaar Koninkrijk ontvangen, aan de genade vasthouden en daardoor God dienen op een Hem welgevallige wijze, met ontzag en eerbied. Want onze God is een verterend vuur.

Hebreeën 12:25-29

Ja, dat staat allemaal in het Nieuwe Testament, dus er is geen excuus om het te negeren. God zal precies doen wat Hij gezegd heeft dat Hij zal doen. Wanneer we al zolang in een omgeving hebben geleefd, waar de kracht en het vuur van God afwezig of minimaal zijn geweest, dan nemen velen aan dat ze gewoon kunnen doorgaan met leven zoals zij voorheen deden. Anderen verlangen naar echte verandering, maar wachten daar al jaren op, zonder iets te zien. In deze gevallen kan het lijken alsof er nooit iets zal veranderen. Maar plotseling zal het veranderen. Het zal onverwachts komen. En het zal alles blootleggen, wat een glashelder onderscheid zal geven tussen hen die werkelijk voor Jezus willen leven, en zij die dat ten diepste eigenlijk niet willen. Als uw geloof en uw daden de test van het vuur kunnen doorstaan, dan zit u op de juiste weg. Het vuur is niet bedoeld voor ons vermaak, noch dat het prettig is voor hen die koppig in zonde blijven leven. Op dit moment zijn er nog vele zonden verborgen, maar alles zal openbaar worden. God zal alles schudden wat er geschud kan worden. Hij is werkelijk een verterend vuur.

Ik raad u aan dat u van Mij goud koopt, gelouterd door het

vuur, opdat u rijk wordt, en witte kleren, opdat u bekleed bent
en de schande van uw naaktheid niet openbaar wordt. En zalf
uw ogen met ogenzalf, opdat u zult kunnen zien.
Openbaring 3:18

Het vuur van God is een onderwerp dat u door de hele Bijbel
kunt zien, inclusief in het Nieuwe Testament. In feite wordt
het in het Nieuwe Testament zelfs duidelijker als voorheen.
Jezus wil dat onze levens door Zijn vuur gaan. Het wil onze
harten en levens zuiveren. Maar dat kost ons wel wat. Het is
niet gratis. U zult het niet automatisch ontvangen. Hoe moeten
we het dan 'kopen'? Eén van de grootste vruchten van het vuur
is dat het de vreze des Heren brengt, wat één van de Zalvingen
van de Zevenvoudige Zalving is. Het boek Spreuken geeft ons
een heldere omschrijving van hoe en wat er dan gebeurt.

Mijn zoon, als je mijn woorden aanneemt, en mijn geboden bij
je opbergt, om je oor acht te doen slaan op de wijsheid, als je
je hart neigt naar het inzicht, ja, als je roept om het verstand,
je stem laat klinken om inzicht, als je het zoekt als zilver,
het naspeurt als verborgen schatten, dan zul je de vreze des
HEEREN begrijpen, de kennis van God vinden.
Spreuken 2:1-5

Dat gaat diep. En als we eerlijk zijn, dan kunnen we zien dat
God hier niet iets onmogelijks van ons vraagt. Hij zal ons nooit
iets vragen waar wij niet toe in staat zijn. Hij vraagt ons alleen
wel om zover te gaan als we kunnen, zonder te vertrouwen
op onze eigen kracht, wijsheid en inzicht. Hij verwacht een
houding van afhankelijkheid van ons. We kunnen onszelf dus
vrijwillig onderwerpen aan Zijn wil en doen wat Hij van ons
verwacht. Zelfs als we niet begrijpen waarom, wat onze conditie
is en hoezeer we Hem nodig hebben. Zodra we in deze richting
beginnen te bewegen, dan zal Hij ons helpen dat alles te
begrijpen. Hij zal ons Zijn wijsheid, Zijn kennis en Zijn inzicht
geven. Dus feitelijk staat Hij ons toe om onze situatie door Zijn
ogen te kunnen zien en vanuit Zijn perspectief. Zolang dat niet

gebeurt, weten we niets. We hebben Hem nodig om dat voor ons te doen. Maar dit zijn de dingen die wij moeten doen:

- Het Woord van God lezen
- Het Woord aannemen als waarheid
- Over het Woord mediteren
- Vragen om onderscheiding, wijsheid en inzicht
- Ernaar zoeken, met ons hele hart

Er was een periode in mijn leven, een aantal jaren geleden, waar de Heilige Geest mij steeds hetzelfde zei, opnieuw en opnieuw. Iedere dag, meerdere keren per dag, maandenlang. Dit is wat Hij zei: "Alleen het Woord van God heeft de kracht om jou van binnenuit te veranderen. Alleen het Woord van God heeft de kracht om dat te doen." Hij wilde dat ik zou vragen. Hij wilde dat ik zou zoeken. En Hij wilde dat ik daarin zou volharden. Deze sleutels hebben mij zo enorm geholpen. Hij opent echt de deur naar Zijn inzichten, als wij Hem daar om vragen.

Is niet Mijn woord zó, als het vuur, spreekt de HEERE, of als een hamer die een rots verplettert?
Jeremia 23:29

Het Woord van God is het ultieme instrument om onze levens mee te meten, om te zien of wij echt naar Zijn wil even. Het vuur van God, het vuur van de Heilige Geest, zal iedere zwakheid en zonde openbaren. Het Woord van God zal ons de oplossing bieden. We hebben beide dus nodig. Wanneer wij in Gods richting beginnen te bewegen, beweegt Hij ook richting ons. En Hij trekt ons dichter naar Zich toe. Hoe meer ons hart er op gericht is om Zijn wil te doen en om Hem te zoeken, hoe meer Zijn vuur in ons zal branden. Maar God kan er ook voor kiezen om een grotere hoeveelheid van Zijn vuur over Zijn volk te laten komen, met als doel om hun ogen te openen voor wat er gaande is in hun leven, kerken en bedieningen. Wij kunnen dus achter het vuur aangaan, maar het vuur kan ook achter ons aangaan. Om ons te helpen in te zien waar we fout zijn gegaan en om alles te toetsen wat we doen. God kan extreem geduldig zijn en Hij is genadig, maar Zijn geduld heeft een limiet. Is dat Bijbels? Ja. Zelfs het Nieuwe Testament maakt daar melding van. Maar sommige mensen lezen liever alleen maar wat ze willen lezen. De boodschap, het Woord van God, is echter altijd zeer gebalanceerd. Hij is een genadig God, toch heeft Zijn geduld grenzen. Hij wil alle mensen redden, maar toch zullen er velen naar de hel gaan. Niet omdat God dat wil, maar omdat ze genegeerd hebben wat Hij in Zijn Woord of door Zijn Geest gezegd heeft. Dat is pas een ongemakkelijk onderwerp, of niet? Toch hoort u daar maar weinig over in de kerk. Maar de hel is echt. De hel is de reden waarom God zoveel doet om onze aandacht te krijgen. Zelfs als dat betekent dat Hij daarvoor Zijn oordelen over ons vrij moet zetten.

De meeste Christenen zijn opgegroeid in een kerk waar men onderwees dat Gods genade eindeloos is en zonder limiet. Is dat dan niet waar? Ja en nee. Dat is afhankelijk van de houding van onze harten. God zal tot extreme lengtes gaan om onze aandacht te krijgen, om ons te bewegen en om ons te laten zien dat we Hem nodig hebben. Want zonder Hem is de bestemming altijd de hel. Een geloof dat u niet verandert is geen echt geloof. Dat betekent niet dat u perfect hoeft te zijn, maar het betekent wel dat er iets gebeurt. Zelfs al zijn het maar kleine stapjes. Maar als u al tientallen jaren in de kerk zit, en wanneer u nog steeds precies hetzelfde bent als toen u uw leven aan Jezus gaf, dan bent u in gevaar. Echt geloof zal altijd echte verandering brengen. Zoals ik al zei, misschien nog niet op ieder gebied, maar in ieder geval op gebied van uw denken en spreken. God kijkt niet in de eerste plaats naar wat u doet. Zijn hoogste prioriteit is wat er in uw hart leeft. Als u nog steeds ruimte biedt aan zondige gedachten, zonder het verlangen om dat te veranderen, dan heeft u een onveranderd hart. God zal ontmaskeren wat er in uw hart leeft. Hij zal het u laten zien. Maar dan zult u moeten kiezen. Als we doorgaan in zonde, al is het alleen maar in onze harten en niet door daden, en als we daar koppig in willen blijven volharden, dan heeft Zijn genade zeker grenzen. Dan heeft Zijn genade een exacte maat. Maar wanneer u wil veranderen en faalt, zelfs al is het keer op keer, dan is Zijn genade eindeloos. Het is het verlangen om te veranderen wat er voor Hem toe doet. Het verlangen in uw hart toont de liefde die u voor Hem heeft. De liefde voor Zijn Woord toont die liefde die u voor Hem heeft. Dat is dan wel het volledige Woord. Het complete gebalanceerde Woord van God.

Geprezen zij de God en Vader van onze Heere Jezus Christus, Die ons, overeenkomstig Zijn grote barmhartigheid, opnieuw geboren deed worden tot een levende hoop, door de opstanding van Jezus Christus uit de doden, tot een onvergankelijke, onbevlekte en onverwelkbare erfenis, die in de hemelen bewaard wordt voor u. U wordt immers door de kracht van God bewaakt door het geloof tot de zaligheid, die gereed ligt om geopenbaard te worden in de laatste tijd. Daarin verheugt u zich, ook al wordt u nu voor een korte tijd – als het nodig is – bedroefd door allerlei verzoekingen, opdat de beproeving van uw geloof – die van groter waarde is dan die van goud, dat vergaat en door het vuur beproefd wordt – mag blijken te zijn tot lof en eer en heerlijkheid, bij de openbaring van Jezus Christus.
1 Petrus 1:3-7

Dat is iets wat u niet vaak meer hoort in de kerk. Maar het staat in de Bijbel. De apostel Petrus heeft het gezegd, één van de apostelen die erg bekend was met dit soort vuur en met beproevingen. Een geloof dat niet beproefd is heeft geen waarde. De waarde komt door de beproevingen. De beproevingen zullen aantonen of het echt is of niet. Dat is één van de dingen wat het vuur van God doet. Wat ik altijd probeer te doen is om te zoeken naar praktische voorbeelden in het normale leven. Het leven van de apostelen was natuurlijk ook normaal, maar ik bedoel wat meer recente voorbeelden. Het moet praktisch zijn. We moeten weten wat het vuur is en wat we kunnen verwachten. Want ik wil niet dat het (weer) aan ons voorbij gaat, en als we het ontvangen, dan wil ik het niet verspillen.

In de geschiedenisboeken kunnen we lezen over wat er gebeurde tijdens authentieke opwekkingen en wat er gebeurde toen het vuur over de mensen viel. Ik heb deze getuigenissen met een aantal vrienden besproken. Twee van deze vrienden hebben zelf getuige mogen zijn van wat er gebeurde toen het vuur viel, tijdens samenkomsten die zij bijwoonden in Afrika en Azië. Het opmerkelijke is dat al deze getuigenissen, van het verleden en van het heden, allemaal vrijwel identiek zijn. Wanneer ik dat hoor, dan heeft u mijn aandacht. Toen het vuur viel werden alle mensen terstond overtuigd van zonde. Maar niet alleen het weten, ik bedoel weten dat je weet dat je weet dat je weet. Totdat het pijnlijk duidelijk is. In al deze getuigenissen werden mensen zo overtuigd en bewust van hun zonde, dat ze het allemaal uit begonnen te roepen. Ze begonnen te schreeuwen, te huilen, te bidden en zelf te rouwen. Onder het vuur van God wordt de last van zonde bijna ondragelijk. Opeens ziet u alles. Iedere zonde. Iedere zwakheid. Ieder detail dat u voorheen nog nooit als zonde had herkend, maar wat God als ongerechtigheid beschouwt. U ziet alles. En het doet pijn. Veel pijn. Niet fysiek, maar emotioneel en geestelijk. Wanneer u uw hele leven als Christen leeft, en gelooft dat u alles juist doet, om er achter te komen dat er nog steeds verschrikkelijk veel moet veranderen in uw leven, dan doet dat pijn. Dat is precies wat er gebeurt wanneer het vuur valt. Ik benadruk nogmaals dat het nooit bedoeld is om ons te veroordelen, maar om ons te helpen om die berg van zonde te overwinnen. Wanneer we eenmaal voorbij die berg zijn, dan is het vuur van God niet langer pijnlijk, maar wordt het pure vreugde. Maar we moeten eerst voorbij die berg. Zegen kan alleen maar komen in de gebieden waar zonde geen hindernis meer is. Onder het vuur van God zijn de meeste mensen maar wat graag bereid om zich te bekeren. En God wil hen maar wat graag helpen om te overwinnen. Want dat is het doel van Zijn vuur. Dat is het verlangen van een God Die Zijn Zoon naar deze aarde zond om allen te redden.

HOOFDSTUK 7

DE ZEVENVOUDIGE ZALVING

Alles in het Christelijk leven is door God gemaakt, naar het model van het leven en de bediening van Jezus Christus. Hij is het ultieme voorbeeld en de blauwdruk voor iedere Christen. In deze studie gaan we kijken naar de Zalving van Jezus Christus. Wanneer het aankomt op de Zalving, dan is dat in bepaalde kringen iets opwindends. Een soort van gadget. Maar hoewel het opwindend kan zijn, is het verre van een gadget. Wanneer de Zalving begint te stromen, dan komt dat met een verwachting. God geeft Zijn Zalving nooit voor niets, of om mensen mee te vermaken. De Zalving heeft altijd een specifiek doel. Welk doel dat is hangt af van het soort Zalving dat wordt vrijgezet. Maar wat op iedere Zalving van toepassing is is het feit dat het bedoeld is voor dienstbetoon, om mee te bedienen of om mee bediend te worden. Wanneer u, als een dienstknecht van God, merkt dat de Zalving begint te stromen, dan betekent dat dat het tijd is voor actie, niet om van het moment te gaan genieten. De Zalving is altijd bedoeld voor dienstbetoon.

Degenen die mijn boek "De Gezalfde Bruid" hebben gelezen, weten dat, wanneer we spreken over de Zalving, we spreken over de Geest. Want de Zalving is altijd een beeld van de Geest van God. Wanneer het Woord van God spreekt over de Zalving, dan spreekt het over de Geest van God. Gezalfd zijn betekent dat de Geest van God op en in u is. Wanneer we spreken over de Zalving die begint te stromen, dan spreken we over het moment waar de Heilige Geest in actie wil komen. Als dienaar van God bent u het instrument dat Hij daarvoor wil gebruiken. Dus op die momenten is het heel belangrijk om uw aandacht erbij te houden. Ik heb het niet alleen over kerkdiensten of leiders. Iedere Christen moet klaar zijn om op ieder moment en op iedere plaats gebruikt te kunnen worden. We moeten allemaal gevoeliger worden voor het werk van de Heilige

Geest. Wanneer we hebben geleerd om te onderscheiden hoe en wanneer de Heilige Geest beweegt, dan moeten we leren om op datzelfde moment te gaan handelen.

Wanneer we zeggen dat de Zalving een beeld is van de Geest van God, dan suggereert dat dat er maar één Zalving is, aangezien we spreken over de Heilige Geest. Maar wanneer we het boek Openbaring lezen, dan zien we plotseling niet één, maar zeven Geesten van God.

Genade zij u en vrede, van Hem Die is en Die was en Die komt, en van de zeven Geesten, Die voor Zijn troon zijn.
Openbaring 1:4

Opeens hebben we het niet langer over 'de Zalving', maar over Eén van Zeven. Dat klinkt verwarrend, maar het gaat zo duidelijk worden. Er zijn verschillende Zalvingen, zowel in de geestelijke wereld als in de natuurlijke wereld. Laat me beginnen bij de verschillende wijzen waarop mensen gezalfd kunnen worden. Ik heb het hier nog niet over de Zevenvoudige Zalving. Dit gaat over de manier waarop mensen gezalfd worden, dus de toepassing of het toebrengen van de Zalving. Wanneer we spreken over de verschillende wijzen waarop mensen gezalfd kunnen worden, dan zijn er drie manieren waarop dat gedaan kan worden, welke alle drie hun eigen betekenis hebben. Laat me beginnen bij u te vertellen welke drie manieren dat zijn:

1. Zalving door besprenkeling
2. Zalving door te gieten
3. Zalving door Mashah

De Zalving door besprenkeling was geen manier van Zalving die dagelijks werd toegepast. Het werd gebruikt voor vergeving, voor reiniging/heiliging en voor het herstel van Gods heiligheid en glorie. Voor ieder doel was er een andere manier van besprenkelen. Ze gebruikten het offerbloed voor vergeving, het reinigingswater voor reiniging en de Zalfolie voor het herstel van Gods heiligheid en glorie. Dus hoewel het allemaal gedaan werd door middel van besprenkeling, waren er drie verschillende soorten, die stuk voor stuk hun eigen doel hadden.

De Zalving door te gieten werd alleen gebruikt voor één doel: om iemand aan te stellen. Voor deze manier van Zalving werd alleen Zalfolie gebruikt. Maar hier waren er drie verschillende manieren van aanstelling. De aanstelling van een koning, de aanstelling van een priester en de aanstelling van een profeet. Dus hoewel het allemaal gedaan werd door Zalfolie over iemand heen te gieten, kon die Zalving dus één van de drie betekenissen hebben.

De Zalving door Mashah betekent om te wrijven, te smeren en om de hand over het gezicht te halen. Het spreekt over het aanbrengen van Zalfolie op iemands gezicht. Niet zoals we vandaag de dag zien, waar een druppeltje op iemands voorhoofd wordt aangebracht. Dat werd door de hele Bijbel heen nergens gedaan. Deze manier van Zalven, Mashah, werd gebruikt door het hele volk van Israël en door alle Christenen, tot aan de 9e eeuw, toen de religieuze leiders van de kerk het hebben weggenomen van Gods volk. Maar tot dat moment gebruikte iedereen Zalfolie en deze manier van Zalven, op dagelijkse basis. In het Hebreeuws wordt deze manier van Zalven dus Mashah genoemd. Zoals u wellicht al geraden heeft is het woord Mashiach afgeleid van het woord Mashah. Mashiach betekent 'De Gezalfde' en is de Hebreeuwse naam voor Messias en Christus. Wanneer we dus over Jezus Christus spreken, dan hebben we het over Jezus De Gezalfde.

Het gebruik van de Zalving door Mashah betekent ergens uitgetrokken en gekozen zijn. Wanneer we onszelf dus Zalven op die manier, dan erkennen we uit deze wereld te zijn getrokken en om gekozen te zijn door Vader God. Maar het betekent ook dat wij geloven dat de Heilige Geest op en in ons is. Het betekent dat wij geloven dat alles wat God beloofd heeft reeds gedaan is. Het is al een feit. We wachten slechts totdat we de resultaten zichtbaar zien worden in het natuurlijke. Het is dus veel meer dan alleen maar een hulpmiddel om ons geloof te laten groeien. Het is al een daad van geloof. Meer nog, het is een profetische daad. Door dit te doen laten we aan de hele natuurlijke en geestelijke wereld zien dat wij geloven dat alles wat God gezegd heeft ja en amen is. Geen wonder dat satan dit dagelijkse persoonlijke gebruik van Zalfolie heeft geroofd van Gods kinderen. Het heeft een ontzagwekkende geestelijke betekenis. Wanneer we spreken over de Zevenvoudige Zalving, dan spreken we over de Zalving door Mashah, aangezien deze Zalvingen reeds beschikbaar zijn. Dit is zo mooi, want het betekent dat deze Geesten van God zo dichtbij zijn, dat Ze ons leven feitelijk aanraken. We hebben het over de Zeven Geesten van God, de Zeven Zalvingen van Yeshua HaMashiach. Net zoals er drie verschillende soorten Zalving door besprenkeling en door gieten zijn, zijn er ook verschillende soorten Zalving bij de Zalving door Mashah. Dit zijn de Zeven Zalvingen van Jezus Christus.

1. De Zalving van JAHWEH (Zalving van de Vader)
2. De Zalving van wijsheid (vaardigheid: fysiek en moreel)
3. De Zalving van begrip (inzicht)
4. De Zalving van raadgeving
5. De Zalving van meesterschap
6. De Zalving van kennis
7. De Zalving van de vreze van JAHWEH

Dit zijn de Zeven speciale Zalvingen waarmee Jezus was toegerust tijdens Zijn aardse bediening, van voor het moment dat Hij in deze wereld kwam, tot aan vandaag. Wanneer we spreken over de noodzakelijke dingen in onze relatie met God, om een succesvol Christelijk leven te leven en om te bedienen zoals God wil dat we bedienen, dan zijn dit de Zalvingen die we nodig hebben. Het boek Openbaring noemt de Zeven Geesten van God, of de Zeven Zalvingen, vier keer. Toch is het boek Openbaring het enige boek in het Nieuwe Testament dat melding maakt van de Zeven Geesten, in plaats van 'alleen' de Geest. Tegelijk wordt er ook niet vermeld wat en wie deze Zeven Geesten zijn. De opsomming die ik net gegeven heb kan gevonden worden in het Oude Testament, in het boek Jesaja, waar het spreekt over Jezus Christus.

Op Hem zal de Geest van de HEERE rusten: de Geest van wijsheid en inzicht, de Geest van raad en sterkte, de Geest van de kennis en de vreze des HEEREN.
Jesaja 11:2

Hoe langer u hiernaar kijkt en erover nadenkt, hoe meer interessant en opwindend het wordt. Het is makkelijk om over dit gedeelte in de Bijbel heen te lezen, maar wanneer u begint te zien wat God hier eigenlijk geeft, dan is dat een 'Wow' moment. Van iedere van deze Zalvingen kan een aparte studie geschreven worden, en dat zal ik waarschijnlijk ook gaan doen, als de Heer me dat toestaat. Maar voor nu gaan we ze in het kort bekijken.

De Zalving van JAHWEH
Het spreekt voor zich dat de Bijbel hier niet slechts spreekt over "de Geest van de Heer", maar over "de Geest van JAHWEH". Dat is wat er staat in het Hebreeuws. Waarom is dat zo belangrijk? Omdat de naam van God specifiek genoemd wordt. Dat betekent een openbaring van een gedeelte van Zijn identiteit. Houdt in gedachten dat het hier spreekt over een Zalving van Jezus Christus. Nu kunt u zich afvragen welk gedeelte van de identiteit van God geopenbaard moest worden door Jezus. Welk gedeelte van God was nog niet geopenbaard toen Jezus op aarde kwam? Er was nog één gedeelte dat nog niet geopenbaard was en dat was de openbaring van God als Vader. God had Zichzelf op vele manieren geopenbaard in het Oude Testament, maar nog nooit als een Vader. Dus toen Jezus kwam en over JAHWEH als Vader begon te spreken, toen was dat een enorme en een nieuwe openbaring. Dus dit is de Vader

Zalving van God, of de Goddelijke Vaderschap Zalving. Het openbaart God als een liefdevolle en betrokken Vader. Maar het openbaart ook Zijn inzichten over wat vaderschap zou moeten zijn. Want Hij is het ultieme voorbeeld.

En men noemt Zijn Naam... Eeuwige Vader
Jesaja 9:6

De Zalving van wijsheid

Wanneer we spreken over het soort wijsheid, wat door het Woord van God vermeld wordt, dan spreken we wederom over iets enorms. Dit gaat niet alleen over 'wijs zijn', maar gaat veel verder dan dat. De Zalving van wijsheid spreekt over een aantal speciale vaardigheden, fysiek en moreel, om de dingen te kunnen doen zoals God wil dat we ze doen. Om het leven te leven naar Gods perfecte wil en om de nodige vaardigheden te hebben om dat te doen. Voorbeelden in het Oude Testament kunt u vinden in Exodus 31:1-4 en in Exodus 36:1-2. In het Nieuwe Testament was Jezus het ultieme voorbeeld van Gods wijsheid.

Immers, de Joden vragen om een teken en de Grieken zoeken wijsheid; wij echter prediken Christus, de Gekruisigde, voor de Joden een struikelblok en voor de Grieken een dwaasheid. Maar voor hen die geroepen zijn, zowel Joden als Grieken, prediken wij Christus, de kracht van God en de wijsheid van God. Want het dwaze van God is wijzer dan de mensen en het zwakke van God is sterker dan de mensen.
1 Korinthe 1:22-25

De Zalving van begrip (inzicht)

De mensen die mijn onderwijs kennen, weten dat ik vaak zeg dat we blind zijn totdat God ons in staat stelt om te zien. Dat is zo'n diepe waarheid, op het moment dat u het begrijpt. Dat ik het Woord van God kan begrijpen heeft niets met mij te maken. Dat u het Woord van God kunt begrijpen heeft niets met u te maken. Het is God die ons laat begrijpen. Wij tonen onze wil en volharding door te vragen, te zoeken en te kloppen, maar alleen God kan (en zal) onze ogen openen wanneer we echt voor begrip en inzicht gaan. Zonder deze Zalving zult u nooit begrijpen wat God echt te zeggen heeft. Eigenlijk kunnen we stellen dat er, bij het gebrek aan deze Zalving, alleen maar religie is. God vraagt ons niet om te proberen om het te begrijpen, Hij vraagt alleen gehoorzaamheid van ons. In Mattheus 7:7 daagt Jezus ons uit om te vragen, te zoeken en te kloppen. Dat is ons gedeelte. Het is Zijn gedeelte om te geven, om ons te laten vinden en om de deur voor ons te openen. We hoeven dus niet zo hard mogelijk te proberen, we moeten alleen gehoorzaam zijn, terwijl we erop vertrouwen dat Hij ons alles op het juiste moment zal geven.

Toen opende Hij hun verstand zodat zij de Schriften begrepen.
Lukas 24:45

De Zalving van raadgeving

Deze Zalving gaat voornamelijk over het kennen van de raadgevingen van de Heer, in iedere situatie. Het Woord van God geeft ons vele richtlijnen over hoe we ons leven kunnen leven naar de wil van God, maar het spreekt in het algemeen. Wat is Zijn wil voor uw leven? Welke keuzes zou u, afgezien van algemene richtlijnen die God geeft, moeten maken? Hoe en waar kan God u het beste gebruiken? Naar welke plaatsen zou u moeten gaan? Wil God u gebruiken in het buitenland of is uw eigen stad? De antwoorden op deze vragen zijn voor ieder persoon verschillend. Toch wil God Zijn raad voor uw leven, de persoonlijke keuzes die u zou moeten maken, de carrière die u zou moeten volgen, waar u zou moeten wonen en alle andere zaken, aan u openbaren. Hij wil in ieder gebied van uw leven betrokken zijn. Dus ook in de moeilijke situaties waar u mee te maken heeft, en waar u geen idee heeft wat u moet doen. De Zalving van raadgeving zal u voorzien van de raadgevingen van de Hemelse gerechtshoven. Zijn raadgevingen zullen u leiden, u verdedigen en u beschermen.

En men noemt Zijn Naam... Raadsman
Jesaja 9:5

De Zalving van meesterschap
De meeste Bijbelvertalingen vertalen deze Zalving als "macht" of "sterkte", wat op zich een prima vertaling is, maar persoonlijk geef ik de voorkeur aan een andere mogelijke vertaling, namelijk "meesterschap". Ik geloof dat "meesterschap" het juiste woord is om de ware betekenis van deze Zalving te omschrijven. Jezus is de Meester van het meesterschap. Jezus is de Meester over alles en iedereen. Vanwege deze Zalving is Hij de Meester over iedere ziekte, iedere demon, iedere gevallen engel enz. De titel van "meester" werd ook gebruikt om Jezus te erkennen als leraar, als Iemand Die op een hoger niveau van meesterschap, kennis en inzicht is etc. Dit is de Zalving om wonderen mee te verrichten, zieken te genezen en om demonen uit te drijven.

Zij gingen naar Hem toe, wekten Hem en zeiden: Meester, Meester, wij vergaan! Toen stond Hij op en bestrafte de wind en de golven. En ze gingen liggen en er kwam stilte.
Lukas 8:24

Zie, Ik geef u de macht om op slangen en schorpioenen te trappen en de macht over alle kracht van de vijand; en niets zal u schade toebrengen.
Lukas 10:19

De Zalving van kennis
Deze Zalving gaat veel dieper dan alleen het weten van dingen. Om het doel van deze Zalving te begrijpen, raad ik u aan om Hosea 4:6 te bestuderen, waar het zegt dat Gods volk vernietigd wordt, vanwege een gebrek aan kennis. Dus het vrijzetten van deze Zalving betekent automatisch het herstel van Gods volk. Want wanneer kennis hersteld wordt, dan wordt Zijn volk niet langer vernietigd. Meer nog, deze Zalving kan ook omschreven worden als de Zalving van Bewustzijn, als

van iemand die wakker wordt uit een lange diepe slaap en zich bewust wordt van zijn omgeving. Deze Zalving gaat over het kennen van God, het kennen van Jezus Christus, het kennen van gerechtigheid en zonde, en daardoor ook het kennen van onze vleselijke conditie.

Toen Jezus gekomen was in het gebied van Caesarea Filippi, vroeg Hij aan Zijn discipelen: Wie zeggen de mensen dat Ik, de Zoon des mensen, ben? Zij zeiden: Sommigen: Johannes de Doper, en anderen: Elia, en weer anderen: Jeremia of een van de profeten. Hij zei tegen hen: Maar u, wie zegt u dat Ik ben? Simon Petrus antwoordde en zei: U bent de Christus, de Zoon van de levende God. En Jezus antwoordde en zei tegen hem: Zalig bent u, Simon Barjona, want vlees en bloed hebben u dat niet geopenbaard, maar Mijn Vader, Die in de hemelen is.
Mattheus 16:13-17

De Zalving van de vreze van JAHWEH

Dit kan waarschijnlijk de minst favoriete Zalving van allemaal genoemd worden, met name omdat de vreze van JAHWEH vaak zo verkeerd begrepen wordt. Toch wordt deze Zalving het begin van alle wijsheid genoemd (Spreuken 1:7). Het is de laatste Zalving in deze lijst van Zalvingen, en toch is dit het begin van alles. We hebben het niet over de vrees voor JAHWEH, maar over de vrees van JAHWEH, de vreze die van JAHWEH is. Dat heeft niets te maken met natuurlijke angst, demonische angst of mensenvrees. Letterlijk spreekt het over een onderbuikgevoel, een angst die uit de onderbuik van JAHWEH stroomt. Feitelijk spreekt het over houding en karakter. Dat betekent dat er een keuze bij betrokken is (Spreuken 1:29). De Zalving van de vreze van JAHWEH kan omschreven worden als ontzag, eerbied en onderdanigheid. Dit werd zichtbaar in het leven van Jezus. Hij kwam niet als Heerser, maar als Dienaar. Hij koos ervoor om te dienen. Hij koos ervoor om Zichzelf te vernederen, helemaal tot het einde. En dat vertelt ons heel veel over deze vreze, die uit de onderbuik van JAHWEH stroomt. Het is Zijn karakter en houding. Het ultieme voorbeeld. Maar we moeten er eerst voor kiezen om het te kunnen ontvangen.

De vreze des HEEREN is het beginsel van de kennis, dwazen verachten wijsheid en vermaning.
Spreuken 1:7

Het beginsel van wijsheid is de vreze des HEEREN en de kennis van de heiligen is inzicht.
Spreuken 9:10

Nu dat we weten wat deze Zalvingen zijn blijft er natuurlijk nog een grote vraag over. Zijn deze voor ons beschikbaar? Of is dit wat de Bijbel omschrijft als 'de late regen' en moet dit nog komen? Gelukkig wordt die vraag al beantwoord in het Woord van God.

En ik zag, en zie: te midden van de troon en van de vier dieren en te midden van de ouderlingen stond een Lam als geslacht, met zeven hoorns en zeven ogen. Dat zijn de zeven Geesten van God, die uitgezonden zijn over heel de aarde.
Openbaring 5:6

Let vooral even op het laatste gedeelte. De Zeven Geesten van God ZIJN over heel de aarde uitgezonden. Dus Zij zijn reeds beschikbaar. De Zevenvoudige Zalving is niet bestemd voor een speciale tijd of plaats, het is bedoeld voor het gewone Christelijke leven. Met welk doel? Deze Geesten/Zalvingen worden omschreven als sterren en als lampen. Wat is de overeenkomst tussen sterren en lampen? Zij verspreiden of reflecteren licht.

En schrijf aan de engel van de gemeente in Sardis: Dit zegt Hij Die de zeven Geesten van God heeft en de zeven sterren: Ik ken uw werken, en weet dat u de naam hebt dat u leeft, maar u bent dood.
Openbaring 3:1

En uit de troon kwamen bliksemstralen, donderslagen en
stemmen. En er stonden zeven vurige fakkels te branden vóór
de troon. Dit zijn de zeven Geesten van God.
Openbaring 4:5

Jezus is het Licht, maar Hij noemde ons ook het licht van
de wereld. Dus raad eens wat deze Zalvingen zullen doen in
uw leven? Inderdaad, zij zullen u helpen om het Licht van
Christus te verspreiden in de donkerste gebieden. Voor Zijn
Koninkrijk en voor Zijn glorie. De Zalving is de brandstof van
het Licht. Wanneer de Zalving weggaat, dan gaat uw lamp
leeg en zal het licht vervagen.

Terwijl ik nadacht over een opwekking in deze eindtijd, oftewel
de late regen, toonde God mij de Zevenvoudige Zalving. Maar
na dit bestudeerd te hebben zag ik dat de Zevenvoudige
Zalving al beschikbaar is, maar dat veel mensen zich daar
niet bewust van zijn. Dat zette me aan het denken. Als deze
Zevenvoudige Zalving niet de late regen is, wat dan wel? De
Heer antwoordde hier als volgt op: "Je stelt de verkeerde vraag.
Je hebt nu het antwoord gekregen aangaande het 'wat'. Maar
aangaande de late regen is de vraag niet wat nog meer, maar
hoeveel van die Zevenvoudige Zalving zal worden uitgestort."
Het gaat over de hoeveelheid of de mate ervan. Want er is een
hoeveelheid die nog nooit eerder is uitgestort. Het zal de term
'soaking' (doordrenken) een hele nieuwe betekenis geven. Het
zal tijdelijk zijn, maar het zal enorm zijn. Ver boven wat u zich
kunt voorstellen.

HOOFDSTUK 8

REAGEREN OP EN BEWEGEN IN DE ZALVING

Wanneer u lang naar iets gezocht heeft, dan wordt u zeer blij wanneer u het eindelijk gevonden heeft. Het boek Spreuken zegt dat een langgerekt hopen, of een steeds uitgestelde verwachting, het hart ziek maakt, maar dat een vervuld verlangen als een boom des levens is (Spreuken 13:12). Wanneer de eindtijdopwekking komt, gevolgd door de late regen, dan zullen de grotere maten of hoeveelheden die God beloofd heeft hier zijn. Deze grotere hoeveelheden zijn hier dan niet blijvend, maar zullen slechts eenmaal plaatsvinden. Het is zelfs iets dat maar eenmaal in de geschiedenis van de mensheid zal plaatsvinden, want God heeft maar één seizoen van late regen beloofd. Er zijn verschillende seizoenen van regen, welke wij kennen als opwekkingen. Maar het Woord van God omschrijft deze letterlijk als de "de bekende maat" of "de gebruikelijke maat". De late regen gaat verder en wordt min of meer omschreven als "de extra maat". Dat is hier nog nooit eerder gebeurd, een extra maat bovenop de gebruikelijke maat. Maar wanneer het gebeurt, dan beleeft u iets wat nog niemand in de geschiedenis heeft meegemaakt en wat niemand daarna meer zal meemaken op deze aarde. Zoals ik in de vorige studies ook al aanhaalde wordt deze extra hoeveelheid niet aan iedereen gegeven. Alleen zij die er voor gaan en die er om vragen, die zullen het ontvangen (Zacharia 10:1). Persoonlijk geloof ik dat zowel de gebruikelijke als de extra maat, hoeveelheden zijn van de Zevenvoudige Zalving.

Er zal een dag komen waarop dit zal gebeuren. Plotseling. Uit het niets. Maar wat dan? De geschiedenis heeft ons geleerd dat de Zalving makkelijk verspild kan worden. Dit is verschillende malen gebeurd. Een groot voorbeeld hiervan is de opwekking die God hier in Nederland gaf, 250 jaar geleden. Nederland staat bekend vanwege de uitermate kritische en lasterlijke houding, met name ten aanzien van geestelijke zaken. Dus toen de opwekking eindelijk begon plaats te vinden, toen deden de overheid en de kerkleiders er werkelijk alles aan om deze te veroordelen en om de beweging van God te doen stoppen. Daar zijn ze ook in geslaagd. De mensen wisten niet wat er gaande was, vanwege hun gebrek aan kennis, wijsheid en inzicht, en daarom lieten ze het ook gewoon gebeuren. Sindsdien heeft Nederland nooit meer een nieuwe opwekking ontvangen. Maar dit is slechts één van de vele voorbeelden.

Wat was het probleem in deze gevallen? En waarom stopte het? Het sleutelwoord is afhankelijkheid. Wanneer we willen dat God in onze levens, in onze kerken, in onze steden en in ons land werkt, dan moeten we alle controle aan Hem overgeven. Niet een klein beetje, niet het meeste, maar alles. Dat betekent niet dat we alles in één keer goed moeten doen. Het kan een proces zijn. Maar God kijkt naar onze harten, om te zien of we werkelijk bereid zijn om alles aan Hem over te geven. Als we dat echt willen, dan is Hij extreem genadig en geduldig, zelfs wanneer we fouten maken. Maar als we in onze harten niet werkelijk bereid zijn om de controle op te geven, dan zal de Heilige Geest Zich terugtrekken, zal het vuur uitgaan en zal de Zalving aan ons voorbijgaan. God geeft ons diverse kansen om op de juiste wijze te reageren, maar als we op geen van die kansen reageren, dan zal er een moment komen waarop alles opeens weer weg is. God gaat hier geen gevecht over aan met ons. Hij biedt ons de keuze om vrijwillig alle controle over te geven en om Hem het over te laten nemen, of om alle controle te houden en om alles zonder Hem te doen. Dat zijn de enige opties. Als Hij niet alle controle heeft, dan heeft u alleen nog maar religie. Waardeloze religie. Het is krachteloos, enorm saai en het leidt nergens toe. Ik heb in mijn leven veel te veel van dat soort kerken gezien. Diep van binnen hebben ze geen enkel verlangen om de controle op te geven. Ze hebben hun eigen structuren en programma's, en alles zal daarvoor moeten buigen, inclusief de Heilige Geest. Natuurlijk zullen ze dat nooit toegeven, maar daden zeggen meer dan woorden. Wie de schoen past trekke hem aan. De keuze is volledig aan ons. Op dit moment kunnen we misschien nog verlangen naar controle, maar het is nog niet te laat voor overgave. Dat is een keuze die we hier en nu kunnen maken. En het zal de koers van uw leven wijzigen. Maar wat u ook kiest, houdt goed in gedachten dat alleen de Heilige Geest u dichter naar Jezus toe zal leiden en dat alleen Hij de kracht heeft om u van binnenuit te veranderen. Alleen wanneer u onder Zijn leiding staat, wanneer Hij uw controle heeft, bent u vrij van de wet. U kunt nu misschien zeggen dat Hij alle controle heeft, maar daden zeggen meer dan woorden. Het begint met de houding van uw hart, met de manier waarop u denkt, datgene wat niemand anders dan alleen God kan zien.

Toen onze kostbare Jezus werd gedoopt, toen gebeurde er iets opmerkelijks. Stelt u zich eens voor hoe het geweest zou zijn als het Woord dit gezegd zou hebben: *"en Hij zag de Geest van God naar Hem toe rennen als een leeuw."* De leeuw, het symbool van kracht en sterkte, zou zeer passend zijn geweest in de ogen van velen. Hoe zou een almachtig God Zichzelf anders moeten presenteren? Maar in plaats van een symbool van kracht en sterkte, koos God voor een duif om Zijn Geest te vertegenwoordigen. Een kwetsbaar en zwak dier.

En nadat Jezus gedoopt was, kwam Hij meteen op uit het water; en zie, de hemelen werden voor Hem geopend, en Hij zag de Geest van God als een duif neerdalen en op Zich komen. En zie, een stem uit de hemelen zei: Dit is Mijn geliefde Zoon, in Wie Ik Mijn welbehagen heb!
Mattheus 3:16-17

Dus in plaats van Zichzelf te presenteren als een krachtig en angstaanjagend dier, kwam Hij als een onschuldige duif. Is dat enigszins logisch? Ja. Wanneer Hij komt om te oordelen of te verdedigen, dan presenteert Hij Zichzelf in kracht en majesteit. Dan zou een leeuw een passende keuze zijn geweest. Maar wanneer Hij komt als een God die toegankelijk wil zijn, Die wil redden, genezen, bevrijden en herstellen, zonder mensen angst aan te jagen, dan is een duif een perfecte keuze. Laten we eens kijken naar de karaktereigenschappen van een duif, om te leren begrijpen over het karakter van deze kostbare Heilige Geest.

De duif is niet de snelste vogel, maar ze staan wel bekend vanwege hun hoge snelheden en omdat ze in een rechte lijn vliegen. Daarnaast zijn ze ook zeer goed in hun oriëntatie. Ze weten waar ze naartoe gaan, ze weten hoe ze daar moeten komen en ze vliegen in een rechte lijn naar hun doel. Duiven zijn hele huiselijke dieren en staan erom bekend extreem trouw te zijn aan hun partner. Ze geven echt om hun partner. Ze blijven in de buurt. Duiven rouwen ook echt wanneer ze hun partner verliezen. Nadat ze hun partner zijn verloren, zullen ze nog lange tijd op de uitkijk blijven staan, op zoek naar hun geliefde. Ze zijn emotioneel zeer gevoelig.

Er wordt vaak aangenomen dat een duif geen gal heeft en daarom niet bitter is. Maar het is niet waar dat een duif geen gal heeft. Ze hebben geen galblaas, maar de galblaas maakt geen gal aan, die slaat de gal alleen op. Het is de lever die gal aanmaakt en duiven hebben een lever. Welk beeld wil God ons hier dan bijbrengen? De Heilige Geest heeft emoties. Feitelijk is Hij de meest emotionele Persoon die omschreven wordt in de Bijbel. Maar emoties gaan verder dan alleen vreugde. Ook boosheid en rouw zijn emoties. En vergis u niet, de Heilige Geest kan ook boos of bedroefd worden. Maar wordt Hij bitter? Nee. Waarom niet? Het Woord van God vertelt ons niet dat we niet boos of bedroefd mogen worden. Het vertelt ons dat we dat niet te lang moeten blijven, omdat er anders een bittere wortel in onze levens kan komen. Hoe gaat dat in z'n werk? Ik zal het voorbeeld van water gebruiken om dit duidelijk te maken.

Water is gezond voor iedereen. Meer nog, het menselijk

lichaam bestaat voor 70% uit water. Water is puur en het is altijd fris, zolang het in beweging is. Op het moment dat het stopt met bewegen, en het stilstaand water wordt, dan zal het nog maar een korte tijd fris en goed blijven. Daarna wordt het bitter. Hetzelfde is van toepassing op emoties als boosheid en bedroefdheid. Deze emoties zijn door God gemaakt, om de negatieve dingen in ons leven te kunnen verwerken. Wanneer deze op een normale wijze tot uiting komen (zonder te zondigen), dan is het heel gezond en zal het genezing en herstel brengen, zodat we in staat zijn om verder te gaan. Maar wanneer we het vasthouden, en de boosheid of verdriet tot stilstand komen, dan zal het een wortel van bitterheid in onze harten teweegbrengen. De vruchten zullen spoedig volgen. Bitterheid zal alle goede dingen blokkeren, inclusief de Zalving, zodat de slechte dingen groter zullen groeien in onze levens. Hoe groter ze groeien, hoe meer pijn het zal brengen. In veel gevallen zal het zelfs ziekten veroorzaken en onverklaarbare fysieke klachten. Dat is waarom het Woord van God ons zegt dat we ermee af moeten rekenen voordat de dag voorbij is (Efeziërs 4:26-27). Dat is een keuze van onze vrije wil. Als we iemand moeten vergeven, dan moeten we ervoor kiezen hen te vergeven om van die boosheid of van het verdriet af te kunnen komen en om bitterheid geen kans te geven. Als er tranen komen, dan moeten we die niet wegdringen. Laat het komen en sta toe dat het eruit komt. God heeft het zo gemaakt. Dat is hoe innerlijke pijn wordt verwerkt en hoe genezing toegang kan krijgen. Het Woord van God zegt niet dat alle emoties ook dezelfde dag weg zijn, want het kan tijd kosten om te genezen. Het spreekt echter over onze houding ten opzichte van deze zaken. Wanneer we de juiste keuze maken, in lijn met het Woord van God, dan zal het proces van genezing op datzelfde moment van start gaan. In het begin kan het nog pijn doen, maar de pijn zal steeds minder worden, terwijl de Zalving en de troost van de Heilige Geest het overneemt en volledig herstel brengt.

Dus hoewel de duif wel een lever heeft die gal produceert, heeft het geen galblaas, dus wordt er geen gal – wat bitterheid is –

opgeslagen. Iedere vorm van bitterheid gaat dus onmiddellijk weg, zonder dat het een kans krijgt om in het lichaam te blijven. Het beeld daarvan is dat de Heilige Geest niet vasthoudt aan boosheid of verdriet. Hij is niet bitter. Hij heeft zeer sterke emoties, maar Hij weet wanneer Hij los moet laten. Wij zouden daarin Zijn voorbeeld en leiding moeten volgen. De Zalving is ook iets dat altijd in beweging moet blijven. U ontvangt de Zalving nooit voor uw eigen plezier of vermaak. Wanneer u een nood heeft op het gebied van redding, genezing, bevrijding of herstel, dan zult u het voor dat doel ontvangen. Maar het wordt u ook gegeven om uit te delen. Het moet door u heen stromen, naar hen die in nood zijn. Zolang u blijft geven, vanuit de juiste motivatie, zal de Zalving bij u blijven en door u heen stromen. Maar wanneer het slechts dient tot uw eigen vermaak, zonder dat u er iets mee doet, dan gaat het stilstaan. De Zalving zal stoppen, de voorraad van verse olie zal afgekapt worden, uw lamp zal leeg raken en het Licht zal uitgaan. Wij zijn het instrument in Zijn hand, niet andersom. Wanneer we in de Zalving willen bewegen, dan zullen we onszelf in lijn moeten brengen met Zijn perfecte wil.

Duiven staan er ook om bekend dat ze zich zeer bewust zijn van gevaar en dat ze makkelijk opgeschrikt kunnen worden. Dit beeld van de Heilige Geest is zeer belangrijk om te onthouden! Het is waarschijnlijk één van de meest belangrijke beelden om te onthouden. Ik ben in samenkomsten geweest waar er momenten waren dat de man van God opeens iets zei als "de Zalving voor... is hier, kom snel naar voren". Toen begonnen ze met veel voorzichtigheid te handelen, alsof ze de Zalving weg zouden kunnen jagen. Eerlijk gezegd vond ik dat op die momenten nogal stom overkomen, omdat ik het nog niet begreep. Waarom zou een liefhebbende God Zijn Zalving limiteren en alleen aan hen geven die snel genoeg naar voren gaan? Dat was toen mijn vraag. Maar dit gaat niet over hoe snel u naar voren gaat, het gaat over hoe snel we beslissen. Want als de conditie van het hart goed is, dan hoeven we niet na te denken om te beslissen. Als het hart goed is dan wilt u alles wat God voor u heeft, ongeacht wat het u kost. Toen u uw leven aan Jezus overgaf, toen werd u de Zijne. Hij heeft u gekocht en betaald met Zijn kostbare bloed. Niet gedeeltelijk, maar helemaal. Dat betekent dat u, vanaf het moment dat u besloot om Hem als uw Meester en Koning te accepteren, Zijn eigendom bent geworden. Dat betekent ook dat u niet langer leeft.

Ik ben met Christus gekruisigd; en niet meer ik leef, maar Christus leeft in mij; en voor zover ik nu in het vlees leef, leef ik door het geloof in de Zoon van God, Die mij heeft liefgehad en Zichzelf voor mij heeft overgegeven. Ik doe de genade van God niet teniet; want als er gerechtigheid door de wet zou zijn, dan was Christus tevergeefs gestorven.
Galaten 2:20-21

Als we het leven van Christus leven, wie zou dan moeten beslissen wat we doen en wanneer we het doen? U? Hebben dode mensen nog zeggenschap? Natuurlijk niet. Als we van Hem zijn, dan is het Zijn recht om te beslissen wat er met uw leven gebeurt en wanneer het gebeurt. Wanneer de Heilige Geest nu wil bewegen, dan bedoelt Hij niet over een uur en zelfs niet over vijf minuten. Wanneer Hij nu iets wil doen, dan bedoelt Hij ook nu. Iedere vorm van vertraging is rebellie. Wij zijn het instrument in Zijn hand, dus moeten we op ieder moment beschikbaar zijn. Dat is op ieder persoon van toepassing die aan het bedienen is en op de mensen die bediend worden. Nu betekent nu. Als we niet handelen op het moment dat de Heilige Geest wil bewegen, dan verspillen we het moment en de Zalving. Wanneer de Heilige Geest wil bewegen, dan is dat het moment om zelfs dichter bij Hem te blijven en Hem al uw aandacht te geven, met grote voorzichtigheid en precisie.

Iemand zei ooit eens dat we dit kunnen vergelijken met de houding die u zou hebben wanneer er een duif op uw schouder zou landen, en wanneer u niet zou willen dat deze wegvliegt. Hoe zou u dan reageren? U past uw manier van spreken aan, de manier waarop u beweegt en de manier waarop u handelt. U gaat niet springen, schreeuwen, juichen, harde geluid maken of rare dingen doen, maar u let op die duif. Op precies dezelfde manier zouden wij met de Heilige Geest moeten omgaan, wanneer Hij wil bewegen en de Zalving begint te stromen. U behandelt de Heilige Geest met grote zorg, eerbied en respect. Hij is er niet voor uw vermaak of om een show te geven. Hij is er om de perfecte wil van God te vervullen. Dat is een groot verschil. Er zijn momenten om te juichen en te lofprijzen, maar deze momenten horen daar niet bij. Er zijn ook momenten om stil te worden. Om te realiseren Wie het is Die aan het bewegen is. Om aan Zijn voeten te aanbidden en om Hem alle eer en glorie te geven, met groot respect, zorg, precisie en eerbied. Om met ontzag voor Hem te staan en te realiseren dat Hij God is. Dat zijn de momenten waarop u weet dat het niet langer om u of om uw wil gaat, maar om Hem en om Zijn wil. Al uw verlangens moeten op de tweede plaats komen. Er kan maar één nummer één zijn. Als dat God niet is, dan is het iets anders. Alles wat de eerste plaats in uw leven heeft is uw god. Als dat uw verlangen of nood is, dan is dat uw god. God is niet onverschillig ten opzichte van uw verlangens en noden, en Hij wil graag tegemoet komen aan ieder verlangen en iedere nood die in lijn is met het Woord van God, maar Hij zal niets anders dan alleen de eerste plaats in ons leven accepteren. Alleen dan zal Hij in en door onze levens heen bewegen.

Wat gebeurt er wanneer we geen aandacht geven aan of luisteren naar wat de Heilige Geest wil doen? Dan voelt u Zijn aanwezigheid en de Zalving weggaan. Voor de meer volwassen dienstknechten van God is dat een ramp. Wanneer u heeft geleerd om te bewegen in de Zalving, dan voelt u zich uitermate hulpeloos wanneer Hij weggaat. Opeens staat u daar in eigen uw eigen kracht, zonder hulp van boven. Niemand is perfect, en we maken allemaal zo nu en dan fouten, dus dit is ook meerdere mensen overkomen, inclusief bij de meer volwassen dienaren van God. Maar betekent dat dat de Heilige Geest weggaat? Nee. Hij trekt Zich een moment terug, maar Hij blijft in de buurt. Totdat u zich bewust wordt van Zijn afwezigheid.

Totdat u zich bewust wordt dat er niets van enige waarde gebeurt, omdat uw eigen kracht, wijsheid, kennis en inzicht tekortschieten. Een volwassen Christen zal realiseren dat hij/zij een fout heeft gemaakt. Wanneer hij/zij zich dan bekeert en zich opnieuw onderwerpt aan Zijn wil, dan zullen de Geest en de Zalving terugkeren. Wanneer er geen bekeren is dan zal Hij op afstand blijven totdat we dat wel doen. Maar Hij zal met niemand de eerste plaats delen. Als u het overneemt, dan laat Hij u uw gang gaan en trekt Hij Zich gewoon terug. Vandaag de dag hebben we meer dan genoeg van dat soort kerken. Het is zelfs heel makkelijk om die eerste plaats in te nemen, aangezien we zo vaak denken alles te weten, zonder dat we ons dit realiseren. Het kan zelfs een tijd duren voordat we ons bewust worden van Zijn afwezigheid. Maar het loont altijd om onszelf te onderzoeken, om onszelf te toetsen, om te zien of er iets fout zit. We hebben Hem nodig. Ieder moment zonder Hem is een verspild moment. Het is slechts dode religie. Maar de Geest maakt alles levend. Hij is onze verbinding met de Hemel en Degene die ons alles openbaart wat we moeten weten. Dus aan het einde van deze studie wil ik u maar met één vraag achterlaten. Bent u beschikbaar voor Hem?

HOOFDSTUK 9

GOD WIL UW LEVEN VOLLEDIG HERSTELLEN

Wanneer we denken aan herstel, dan denken we vaak aan financiën, carrières, gezondheid etc. In de laatste decennia, en dan met name in de Charismatische bewegingen, zijn die gebieden altijd enorm benadrukt. Ik weet en geloof dat God ook deze gebieden herstelt, maar het is niet Zijn eerste prioriteit. Wanneer God begint te bewegen, zoals we hebben geleerd in de voorgaande studies, door ons te leren Hem weer te vertrouwen, door het herstel van gerechtigheid, door oordelen of genade en door Zijn vuur en Zalving, wat is dan Zijn doel? De heelheid van de mens. Om u weer heel te maken. Ik weet dat de meerderheid van de Christenen niet op deze boodschap zitten te wachten. Het 'verkoopt' niet. De meeste mensen zijn alleen geïnteresseerd in de fysieke resultaten, terwijl God veel meer geïnteresseerd is in wat er binnenin ons gebeurt. Hij zal zelfs iedere vorm van herstel laten vallen, als dat ons hindert om van binnen heel te worden.

Want wie zijn leven wil behouden, die zal het verliezen; maar wie zijn leven verliezen zal omwille van Mij, die zal het behouden. Want wat baat het een mens heel de wereld te winnen en zichzelf te verliezen of zelf schade te lijden?
Lukas 9:24-25

Zoals ik al vele malen eerder vermeld heb zijn er veel mensen die denken dat een 'opwekking' een soort van groot evenement van vermaak is. Ze geloven dat het een uitbarsting van tekenen en wonderen is, waar mensen het uitschreeuwen van vreugde, blije liedjes zingen, terwijl ze worden opgetild door de Heilige Geest. Dat is het algemene beeld van opwekking. En omdat er zoveel mensen zijn die dit geloven, missen zij de tekenen van hoe het echt begint. Ik zou zeggen dat er hier bekering nodig is. Zoals ik al eerder zei betekent bekering 'verandering van denken', om het terug in lijn met het Woord van God te brengen. Ja, we dienen een God van machtige wonderen en ja, Hij houdt ervan om vreugde in ons leven te brengen. Dat staat niet ter discussie. Doet Hij dat ook echt? Ja! Is het Zijn hoogste prioriteit? Nee. Dat komt allemaal op de tweede plaats. Wat is het verschil? Wanneer we gericht zijn op tekenen en wonderen, en wanneer onze harten daarnaar verlangen, dan zijn we gericht op persoonlijk gewin. Dan gaat het weer alleen maar over onszelf. Zelfgericht geloof. Voor velen is het meer een hype dan een levens veranderde ervaring.

Aanzienlijken, hoelang zult u mijn eer te schande maken? Hoelang zult u het lege liefhebben, de leugen zoeken? Weet toch: de HEERE heeft Zich een gunsteling afgezonderd; de HEERE hoort als ik tot Hem roep. Wees ontzet, maar zondig niet; spreek in uw hart wanneer u op uw slaapplaats ligt, en wees stil. Breng offers van gerechtigheid en vertrouw op de HEERE.
Psalm 4:3-6

Doorgrond mij, o God, en ken mijn hart, beproef mij en ken mijn gedachten. Zie of er bij mij een schadelijke weg is en leid mij op de eeuwige weg.
Psalm 139:23-24

Het laatste wat God wil dat we doen is het net doen alsof, zoals velen vandaag de dag in de kerk doen. Het net doen alsof alles in orde is, net doen alsof ze een heilig leven hebben en het net doen alsof ze boven iedere situatie staan. Maar wat doet u wanneer niemand meekijkt? Hoe reageert u wanneer het moeilijk begint te worden? Wat doet u wanneer u helemaal alleen bent? Bent u het type mens dat anderen verrast wanneer ze erachter komen dat u Christen bent, omdat uw leven dat in geen enkel opzicht laat zien? Met andere woorden, zijn de dingen die u de mensen in de kerk laat geloven ook een realiteit in uw dagelijks leven? Datgene wat er in uw hart leeft is wat er het meeste toe doet. Uw worstelingen met zonde, met innerlijke pijn, met angsten en met al het andere dat uw hart weghoudt van de diepten van Zijn hart. Wanneer het vuur van God komt, dan zal het daar in de allereerste plaats mee afrekenen. Wanneer we net doen alsof, dan maken wij Zijn eer te schande. Want vroeg of laat komen mensen erachter dat het nep is. Dan wordt uw geloof waardeloos voor hen en kan het ook hun geloof schade toebrengen. Mensen zoeken naar echtheid, niet naar een show. Wie wil er nu geen echtheid? God heeft ons nooit geschapen om hier alleen doorheen te gaan. Wanneer Hij verlangt naar echtheid in onze harten, dan betekent dat ook dat Hij ons alles heeft gegeven om dat te kunnen bereiken.

Bescherm je hart boven alles wat te behoeden is, want daaruit zijn de uitingen van het leven.
Spreuken 4:23

Heelheid in onze levens kan alleen komen door de heelheid van onze Meester en Heer, Jezus Christus, de Zoon van de Levende God. Het is Zijn heelheid die ons weer heel kan maken. Maar wanneer Hij ons een weg biedt naar heelheid, dan biedt Hij dat niet slechts als een optie. Het is ook Zijn hartsverlangen! Dat is waar een opwekking over gaat. Zijn Geest en Zijn vuur zal komen om alles wat er in onze levens en harten leeft glashelder en openbaar te maken. Is dat een vreugdevolle gebeurtenis? Verre van. Maar het blootleggen van wat er werkelijk in ons leeft is wel wat er nodig is. We moeten ons realiseren dat er niets is van onszelf dat als acceptabel offer voor Hem kan dienen. Het enige wat wij in onze vleselijke natuur hebben is bederf en zonde. Christen worden rekent niet automatisch af met deze problemen. Wij moeten dat doen, door onze zonden en tekortkomingen te erkennen. Alleen dan kan de kracht van Christus in die gebieden worden vrijgezet.

U hield mijn ogen wakend, ik was verontrust en sprak niet. Ik overdacht de dagen vanouds, de jaren van vroegere eeuwen. Ik dacht aan mijn snarenspel, 's nachts peinsde ik in mijn hart, en mijn geest onderzocht.

Psalm 77:5-7

Het kan misschien niet heel uitnodigend klikken, maar wanneer de Geest en het vuur van God onze ogen opent, dan worden we bewust van wat er moet veranderen. We kunnen alleen handelen aangaande de dingen waarvan we ons bewust zijn. Het doel daarvan is altijd om ons dichter bij Hem te brengen, verder van zonde, naar het punt van heelheid en herstel. En dat is het punt waar de ware vreugde begint. Alleen dan is vreugde niet langer voor vermaak, maar iets wat vanuit het hart komt. Dan is het echt. Dus wanneer u begint te ontdekken dat u zich bewust wordt van zonde en tekortkomingen in uw leven, druk het dan niet weg. Ik heb het niet over beschuldigende gedachten, want die komen van onze vijand, de aanklager. Ik heb het over bewustwording. Wanneer dat gebeurt, onderneem dan actie en belijd dan eenvoudig de zonden waar de Heilige Geest u van heeft overtuigd. Ren niet weg wanneer dat gebeurt, maar ren naar Hem toe. Hij is er, met open armen, om u te helpen, om u te leiden en om u te herstellen. Als God u had willen veroordelen, dan had Hij Jezus nooit gezonden. Laat schuld en schaamte u niet weerhouden om naar Zijn geopende armen toe te rennen. Zijn doel is om u te herstellen. Zelfs wanneer het pijn doet. Zelfs wanneer het voelt alsof u het onvergeeflijke heeft gedaan. Zelfs wanneer het voelt alsof u hopeloos verloren bent. Zelfs dan. Hij zal uw zwakheid nooit verachten. Het enige wat Hij veracht is trots en verharde harten.

Want toen wij nog krachteloos waren, is Christus op de bestemde tijd voor goddelozen gestorven. Want bij hoge uitzondering zal iemand voor een rechtvaardige sterven; hoogstens immers heeft iemand de moed om voor de goede mens te sterven. God echter bevestigt Zijn liefde voor ons daarin dat Christus voor ons

gestorven is toen wij nog zondaars waren.
Romeinen 5:6-8

Dit laat de opmerkelijke liefde die God voor ons heeft zien. Wat voor liefdevols was er in ons? Wat hadden wij voor God gedaan? We waren niet rechtvaardig of goed. We zochten God niet eens. Toch vond Hij ons. Het was inderdaad net andersom. Hij was Degene die ons zocht. Wanneer God zonder Christus naar ons kijkt, dan zijn er alleen maar zondaren te zien. Mensen die gevuld zijn met dingen die God zo verschrikkelijk haat en die zo het tegenovergestelde zijn van Zijn karakter. Daar was absoluut niets aantrekkelijks aan. En toch besloot Hij om door dat alles heen te kijken en gaf Hij ons Jezus Christus, Die Zijn leven voor ons gegeven heeft. Dat is pas opofferende, onzelfzuchtige en onvoorwaardelijke liefde, gericht op niets minder dan ons complete en volledige herstel.

In deze wereld betekent herstel om iets terug te brengen in de voormalige of originele conditie. Dat is het beeld wat we hebben, wanneer we aan herstel denken. Maar in het Koninkrijk van God is dat niet echt het geval. Het woord 'herstel' dekt de lading niet echt. Wanneer we alle controle aan Jezus overgeven en wanneer we ons door Hem laten veranderen, dan is dat een heel nieuw niveau van herstel. Hij brengt ons niet terug naar de voormalige of originele staat, waarbij alle littekens zichtbaar blijven, maar Hij doet iets veel groters dan dat. Hij maakt alle dingen nieuw. Zonder littekens. Onschuldig. En zelfs dat is niet alles wat Hij doet. In het Koninkrijk van God betekent herstel altijd toename, vermenigvuldiging of verbetering, zodat het aanzienlijk beter wordt dan de originele staat.

Het lijkt allemaal zo oneerlijk dat zij die zonde begaan hebben en zich bekeren hersteld worden, en zelfs met toenemend herstel. Dat gaat tegen onze gevoelens van gerechtigheid in. Is het oneerlijk? We kunnen concluderen dat zij die zich bekeren iets ontvangen wat zij niet verdiend hebben, namelijk vergeving van zonde en herstel. Maar dat is precies wat genade is. Gaat het tegen ons gevoel van gerechtigheid in? Nee. Het gaat tegen ons gevoel van veroordeling en bestraffing in. Genade gaat recht tegen veroordeling en bestraffing in, omdat het doel van genade is om te herstellen, terwijl het doel van veroordeling en bestraffing is om te vernietigen, te beschadigen of zelfs om wraak te hebben. De genade van God is voor ons beschikbaar gemaakt, vanwege Jezus. Eerst zal Hij ons herstellen. Dan vraagt Hij ons om hetzelfde door te geven en om dezelfde genade te betonen aan hen die tegen u hebben gezondigd. Dan heb ik het over het soort genade dat tot het uiterste gaat, naar compleet en volledig herstel.

Door Zijn hele leven heen heeft Jezus een enorm patroon van herstel laten zien. Zijn hart ten opzichte van ons is om te redden, te genezen, te bevrijden en om volledig te herstellen. Het patroon dat Hij liet zien was pure genade. Hij deed alles wat Hij van zijn kant kon doen om dit alles voor ons beschikbaar te maken. Maar zoals in iedere relatie zijn er meerdere mensen betrokken. De eerste relatie die God wil herstellen is de relatie tussen Hem en u. Het soort relatie wat Hij wil is een hart tot hart relatie (Mattheus 15:8). Wanneer het hart er niet bij betrokken is, dan is alles voor niets (vers 9). Eerst zal God ons in de overtuiging van zonde trekken. Op dat punt kunnen we er met ons hart voor kiezen om daarop reageren. Wanneer we dat doen, dan zal Hij ons in bekering trekken (vernieuwing van denken) en zal Hij ons door het hele proces heentrekken, naar het punt van herstel en verder, naar toenemend herstel. Maar dit alles kan alleen plaatsvinden wanneer het hart erbij betrokken is en wanneer onze keuzes oprecht zijn. Het enige wat Hij van ons wil is een oprecht hart. Hij doet het werk in ons. Wanneer ons hart er niet volledig bij betrokken is of niet volledig oprecht is, bijvoorbeeld omdat we er liever voor kiezen om zonde lief te hebben, dan kan en zal Hij ons niet naar herstel leiden. Simpelweg omdat het niet mogelijk is om Zijn Licht met duisternis te mengen. Er zijn geen grijze gebieden. Ieder gebied dat niet volledig in het Licht is behoort aan de duisternis toe. Maar wanneer we een oprecht hart hebben, dan is er geen gebied waar Hij ons niet uit kan trekken, richting het Licht. Onthoud goed, de sleutels zijn oprechtheid, erkenning, overgave van controle, vertrouwen en wachten (terwijl we in Zijn Woord blijven).

Zoals u misschien al wel is opgevallen is de conditie van het hart één van mijn favoriete onderwerpen. Ik ben zo'n Christen geweest die dacht dat zijn Christelijk leven prima in orde was. Ik deed veel dingen voor de Heer en ik was bereid om naar de einden van de aarde te reizen voor Hem. Maar toen liet de Heilige Geest mij de conditie van mijn menselijk hart zien en ik was er kapot van. Terwijl ik dacht dat ik al was waar ik moest zijn, ontdekte ik dat er nog zoveel gebieden in mijn leven helemaal niet op orde waren. Hij richtte Zich niet op de dingen die ik deed, Hij richtte Zich op wat er in mijn hart leefde. Iedere zondige gedachte, de momenten waarop ik zonde als een optie beschouwde, zelfs wanneer ik die niet ten uitvoer bracht. Het was datgene wat er in mijn hart leefde dat mij reeds zondig had gemaakt. Deze realisatie was één van de grootste stappen voorwaarts.

Wanneer we reageren op het werk van de Heilige Geest, en wanneer we onze zonden niet langer verborgen houden maar ermee afgerekend wordt, dan zal er heelheid in onze harten komen. Uw relatie met Jezus zal nooit meer hetzelfde zijn. U zult nooit meer hetzelfde zijn. Alles zal veranderen. Het zal niet meer over uzelf en over uw gewin gaan, maar over Hem en over Zijn gewin. Soms kan dat betekenen dat God ervoor kiest om machtige tekenen en wonderen te doen om op dat punt te komen. Soms zal het net andersom gaan. God bekijkt altijd iedere situatie vanuit Zijn perspectief. Als Hij ziet dat er wonderen en tekenen nodig zijn om u naar de plaats van heelheid te brengen, dan zal het gebeuren. Maar alleen voor Zijn glorie, niet voor die van ons. De heelheid die Hij brengt is niet slechts voor dit leven en voor deze tijd. Hij herstelt ons naar het punt dat Hij voor ogen had toen Hij de mensheid schiep. Hij wil zelfs verder gaan dan dat, naar een toenemend herstel op een heel nieuw niveau van heelheid. Naar het punt waar Zijn bruid rein, schoon en zonder vlek om rimpel is. Dat kunnen wij nooit op eigen kracht bereiken. We hebben Zijn hulp nodig om op dat punt te komen. Het zal niet gebeuren zonder de regen en de late regen, de kostbare Zalving die Hij heeft door Zijn kostbare Heilige Geest.

HOOFDSTUK 10

DE BRUID VAN CHRISTUS WORDT VOORBEREID

Door de eeuwen heen is het een zeer controversieel onderwerp geworden om de wederkomst van de Heer Jezus Christus ter sprake te brengen. Sommigen geloven dat er een opname zal zijn voor de grote verdrukking, sommigen geloven tijdens de grote verdrukking en sommigen geloven dat er helemaal geen opname zal komen en dat alle Christenen door de grote verdrukking moeten gaan, tot Jezus terugkomt naar deze aarde. Ik weet zeker dat er meer denkbeelden zijn, maar dit zijn degenen waar ik me van bewust ben. Het heeft grote verdeeldheid gebracht in het lichaam van Christus. Ik heb mijn inzichten hierover altijd terzijde gehouden, met name vanwege de vele nutteloze discussies, maar ik geloof dat we in een tijd leven waarin dit onderwerp duidelijk behandeld moet worden. Daarom zal ik met u delen wat de Heilige Geest mij hierover liet zien. Ik vraag u echter niet om dit blindelings als waarheid te accepteren. Dat doe ik nooit. Anders heeft u alleen een mening, zonder uw eigen openbaring. En u heeft openbaring nodig om echt te kunnen zien. Alleen dan kunt u het als waarheid accepteren. Maar ik vraag u wel om het volgende gebed te bidden:

"Lieve Heilige Geest, ik wil graag weten wat U mij te zeggen heeft. Ik wil de waarheid kennen, ongeacht wat het is. Ik verneder mijzelf voor U en vraag U om mij een onderwijsbaar hart te geven. Ik vraag U om de genade en gunst van Uw kennis, wijsheid en inzicht te mogen ontvangen. Dat vraag ik in de machtige naam van Yeshua HaMashiach, Jezus Christus, de Zoon van de Levende God. Amen."

Waarom is het belangrijk om zo'n gebed te bidden? Omdat God

nooit geeft aan hen die niet vragen, zoeken of kloppen. Als u het alleen maar makkelijk wilt, of wanneer u kiest wat u het beste uitkomt, dan zult u het niet vinden. Maar wie wil er nu niet bereid zijn, ongeacht wat de waarheid is? Zoals u kunt zien heb ik in het gebed geen enkele vorm van richting aangegeven en heb ik niet gestuurd richting een bepaalde zienswijze. Het gebed is zeer algemeen en is slechts een vraag om de waarheid te openbaren. Niets meer en niets minder. Wanneer u het volgende leest, bestudeer het dan, zoek het op in het Woord van God (niet alleen in deze studie) en laat de Heilige Geest de rest invullen en aan u openbaren wat u moet weten.

Er zijn twee gedeeltes in de Bijbel die elkaar lijken tegen te spreken. De één zegt dat God ons alle autoriteit en macht over de vijand heeft gegeven, de ander zegt dat de vijand macht zal krijgen om ons te overwinnen. Dat is een beetje vreemd. Dus God komt terug op Zijn Eigen Woord? Doet Hij dat echt? Natuurlijk niet. Hij is de Enige Die altijd en overal consistent is. Toch lijkt het op het eerste gezicht totaal niet logisch. Waarom zou Hij ons iets geven, om het op een later tijdstip weer af te pakken, net op het moment waar we deze kracht het meeste nodig hebben?

Zie, Ik geef u de macht om op slangen en schorpioenen te trappen en de macht over alle kracht van de vijand; en niets zal u schade toebrengen.
Lukas 10:19 (Lees ook: Markus 16:18, Handelingen 28:5)

En het beest werd macht gegeven om oorlog te voeren tegen de heiligen en om hen te overwinnen, en hem werd macht gegeven over elke stam, taal en volk.
Openbaring 13:7 (Lees ook: Daniel 7:21, Openbaring 11:7)

Opeens lijkt het te gaan van een onoverwinnelijk, krachtig en beschermd lichaam van Christus, naar een zwakke, krachteloze en onbeschermde kerk. Dus op een bepaald moment vindt er een verandering plaats. Er zal iets gebeuren wat dit zal teweegbrengen, maar wat voor iets? We weten dat wanneer het gebeurt, dat dan de grote verdrukking zal beginnen. Om antwoord te geven op deze vraag, geloof ik dat we onszelf af moeten vragen wat het is wat dit alles op dit moment nog tegenhoudt? Ik geloof dat het juiste antwoord hierop als volgt is: Gods strijders. Wanneer ik strijders zeg, dan bedoel ik niet degenen die een snel gebed mompelen en die nauwelijks tijd aan Gods Woord besteden. We hebben het over hen die zijn gegroeid in autoriteit en die weten hoe dit te gebruiken. Zij brengen de dodelijke slagen aan de vijand toe. Zij zijn degenen die de vijand blokkeren om zijn kwade plannen ten uitvoer te brengen. Echt? Ja. Zij hebben de kracht om hem te stoppen.

Voorwaar, Ik zeg u: Alles wat u op de aarde bindt, zal in de hemel gebonden zijn; en alles wat u op de aarde ontbindt, zal in de hemel ontbonden zijn.
Mattheus 18:18 (Lees ook: Mattheus 16:19, Johannes 20:22)

Is dit op alle Christenen van toepassing? Ja, dit is zeker op iedereen van toepassing. Maar... Deze autoriteit is beschikbaar voor alle Christenen, maar toch hebben niet alle Christenen deze autoriteit. Ik heb het dan over de autoriteit die vermeld wordt in de Bijbel, op plaatsen zoals Lukas 10:19, Markus 16:18, Mattheus 18:18 en andere gelijksoortige verzen. Die autoriteit wordt niet automatisch aan uw leven toegevoegd, wanneer u uw leven aan Jezus geeft. Die autoriteit is een proces. Het is zoals opgroeien. Eerst bent u een geestelijke baby, dan een peuter, kleuter, kind, tiener, jong volwassene en volwassene. Hoe groeit iemand op in de natuurlijke wereld? Door te eten en te drinken. Het werkt hetzelfde bij geestelijke kinderen. Ze groeien op wanneer ze eten en wanneer ze genoeg eten. Lees Johannes 6:35. Wanneer ze niet eten, dan groeien ze niet, worden ze niet groot en worden ze niet sterk. Dan blijven ze klein, zwak en krachteloos. Natuurlijk is er een tijd voor alles. Iedere wederom geboren Christen heeft het recht om verzorgd te worden en om gevoed te worden met geestelijke

melk. Maar op een bepaald punt moet dat veranderen naar normaal voedsel. In het begin zijn het de geestelijke ouders die hen voeden, maar op een bepaald moment zullen zij zelf moeten gaan eten. Wanneer ze dat niet doen, dan groeien ze niet. En wat is dan het resultaat? *Mijn volk is uitgeroeid, omdat het zonder kennis is.*
Hosea 4:6

Wacht eens even. Maar alle Christenen lezen het Woord van God en horen dat in de kerk, toch? De meesten wel ja. Maar er zijn twee manieren van het hebben van Gods Woord. Simpel gezegd is dat met en zonder de Heilige Geest. Wanneer u het Woord leest of hoort, dan heeft u eenvoudig gezegd alleen een aantal feiten, maar het verandert u niet. Het is niet het soort kennis waar de Bijbel over spreekt. Wanneer we de kennis hebben, dan weten we nog steeds niet hoe dit toe te passen, volgens de wil van God. Zoals we in de Bijbel kunnen zien hadden de Schriftgeleerden en Farizeeën het Woord van God ook, en zij pasten dit toe op basis van hun eigen inzicht en voor hun eigen gewin. Met andere woorden, zij gebruikten het Woord om zichzelf mee te rechtvaardigen. Dat gebeurt vandaag de dag nog steeds in vele kerken. De religieuze geest die achter hun acties zat is vandaag de dag nog steeds extreem actief in de kerken. Religie zal het Woord van God ombuigen, totdat het niets meer is dan het volgen van een lijst met regels. Zolang u zich aan die lijst met regels houdt is alles in orde. Wanneer u dat niet doet, dan zal iedereen u oordelen en veroordelen. Tenzij u doet wat ieder ander doet: doen alsof. De wereld heeft daar al verschrikkelijk veel van gezien toen ze naar de kerk keken. Het zal u niet redden. Het zal u geen toegang tot de hemel geven. Alleen de echte verandering doet er toe.

Wat betekent echter verandering? Ten eerste betekent het dat u eerlijk bent. Eerlijk tegenover God en eerlijk tegenover uzelf. Het betekent dat u God benadert, wetende dat u verre van perfect bent en dat u Zijn hulp nodig heeft. En u stopt met doen alsof en met het verbergen van uw falen, richting

God en richting mensen. Met andere woorden, u komt zoals u bent. En dan is er het Woord van God. Dat Woord kan een verandering teweegbrengen. Wanneer we het Woord van God lezen of horen, dan moet het meer worden dan alleen feiten. We moeten weten wat het betekent en hoe we het kunnen toepassen in ons dagelijks leven. Het Woord moet levend in ons worden. Alleen de Heilige Geest kan dat doen. Hoe gebeurt dat? Door de sleutels toe te passen die Jezus ons gegeven heeft in Mattheus 7:7. Wanneer we het Woord van God lezen of horen, dan beginnen we bij Hem te vragen wat Hij tot ons persoonlijk wil zeggen. Zelfs wanneer het voor de hand lijkt te liggen wat het betekent. Ik heb geleerd dat God zoveel kan zeggen, door slechts één vers. Stelt u zich dan eens voor wat Hij door de hele Bijbel heen kan zeggen. Maar houd in gedachten dat het uw taak is om te vragen en Gods taak om te geven. Nadat we Hem gevraagd hebben, beginnen we met zoeken. Een manier om dat te doen is door alle referenties die bij het vers horen op te zoeken, of door de hele context van de situatie rondom dat vers te lezen. Een andere manier is door te zoeken naar vergelijkbare situaties in de Bijbel, om te zien wat de context daar is. U begint eenvoudig met het Woord van God te doorzoeken, vanuit de motivatie om het antwoord te vinden. Wederom geldt ook hier dat het uw taak is om te zoeken, en het Gods taak is om u te laten vinden. Hij is Degene Die het begrijpen aan u kan geven. Het laatste gedeelte is het kloppen. Dat betekent dat u niet opgeeft, totdat u heeft gevonden wat u zocht. Ook hier is het zo dat het uw taak is om te kloppen, maar dat God Degene is Die voor u open moet doen. Wanneer gebeurt dit precies? Op het moment dat u gaat vragen, zoeken en kloppen, zal God uw hart doorzoeken, om te zien wat daarin leeft. Wanneer Hij ziet dat u echt wil waar u om vraagt, dat het echt uw verlangen is geworden, dan zal Hij het geven, zal Hij u laten vinden en zal Hij de deur voor u openen. Op dat moment zal het Woord levend in u worden en zal het deel worden van het proces van verandering in uw leven. Het is dus helemaal niet erg wanneer u het Woord van God nog niet begrijpt, of wanneer u slechts gedeelten daarvan begrijpt. Het betekent alleen dat u nog meer mag vragen, zoeken en kloppen. Maar wanneer u het heeft, dan zal ieder stukje Woord dat in u begint te leven u veranderen en u reinigen.

U bent al rein vanwege het woord dat Ik tot u gesproken heb. Blijf in Mij, en Ik in u. Zoals de rank geen vrucht kan dragen uit zichzelf, als zij niet in de wijnstok blijft, zo ook u niet, als u niet in Mij blijft. Ik ben de Wijnstok, u de ranken; wie in Mij blijft, en Ik in hem, die draagt veel vrucht, want zonder Mij kunt u niets doen.
Johannes 15:3-5 (Lees ook: Johannes 13:10)

Hoewel de autoriteit die Jezus beloofd heeft beschikbaar is voor alle Christenen, door het Woord van God, hebben veel Christenen dit niet. Omdat ze er niet achteraan gaan. Omdat ze meer verlangen naar hun eigen plezier en gewin. Zij die op deze manier handelen tonen de vruchten van een onveranderd hart. Ze horen het Woord van God, maar toch doet het weinig tot niets in hun leven. Daarom blijven ze zonder autoriteit en worden ze een makkelijke prooi voor de vijand. Wanneer ze bidden of proclameren, dan doet het weinig tot niets, omdat het Woord niet leeft in hun harten. Voor hen zijn deze woorden slechts van horen zeggen. Het is leeg en betekenisloos. Het kan een goed gevoel geven, maar het doet niets. Alleen wanneer het Woord in onze harten leeft, alleen wanneer we door de lessen en beproevingen zijn gegaan, zullen we de beloofde autoriteit over de vijand verkrijgen. Kijk maar naar het leven van Jezus.

Vanwaar al die strijd en al die conflicten in uw midden? Vloeien ze hier niet uit voort: uit uw hartstochten, die in alle delen van uw lichaam strijd voeren? U verlangt naar iets en krijgt het niet. U benijdt anderen en beijvert u om dingen te bemachtigen en kunt ze niet krijgen. U maakt ruzie en voert strijd, maar u krijgt niet, omdat u niet bidt. U bidt wel, maar u ontvangt niet, omdat u verkeerd bidt, met het doel het in uw hartstochten door te brengen. Overspelige mannen en vrouwen, weet u dan niet dat de vriendschap met de wereld vijandschap tegen God is?

Wie dan nu een vriend van de wereld wil zijn, wordt als vijand van God aangemerkt. Of denkt u dat de Schrift tevergeefs zegt: De Geest, Die in ons woont, verlangt Die vurig naar afgunst? Hij echter geeft des te meer genade. Daarom zegt de Schrift: God keert Zich tegen de hoogmoedigen, maar aan de nederigen geeft Hij genade.

Jakobus 4:1-6

Het verschil ligt in de houding van het hart. Toen Jezus het Woord van God bestudeerde, was Zijn houding niet Zijn Eigen plezier, maar om de Hemelse Vader te behagen. Dat toont een hele andere houding dan de meeste Christenen vandaag de dag. Als gevolg hiervan kon Jezus staande blijven, toen Hij beproefd werd door satan. Wanneer het Woord van God niet in ons leeft, dan zullen we direct vallen wanneer we beproefd worden. Want de dingen die satan tegen Jezus zei stonden ook daadwerkelijk in de Bijbel. Maar het was de Waarheid met een kleine verdraaiing. Wanneer het Woord niet in ons leeft, dan zijn we niet in staat om dat te herkennen. Wanneer dat het geval is, dan worden we zeer makkelijk misleid en gaan we onze eigen vernietiging tegemoet, vanwege een gebrek aan kennis, zoals de profeet Hosea zegt. De vijand zal ons altijd op twee gebieden aanvallen, namelijk op onze identiteit en op onze kennis van het Woord van God, zoals we kunnen zien in Mattheus 4, waar Jezus werd verzocht door satan. Toen de vijand tot Jezus kwam, begon hij met een zeer subtiel "ALS U de Zoon van God bent", waarmee hij Zijn identiteit en autoriteit in twijfel trok. Twijfelde hij of Jezus wel echt de Zoon van God was? Nee. De vijand wist zeer goed Wie Jezus was (en is). Maar hij wilde weten en zien of Jezus dat ook echt wist. Toen beproefde hij de kennis van Jezus. In beide gevallen bleef Jezus staande. Waarom? Omdat Zijn houding was om de Vader te behagen en niet Zijn Eigen plezier. Dat is waarom Zijn hart puur en heilig bleef. Dat is waarom Hij echt autoriteit had. Omdat Hij in de wil van de Vader bewoog. Dan heeft de vijand geen kracht. Op precies dezelfde manier zal de vijand ons ook verzoeken. Wat moeten we dan doen om staande te blijven? Dat antwoord wordt gegeven door Jakobus, in de onderstaande verzen.

Onderwerp u dan aan God. Bied weerstand aan de duivel en hij zal van u wegvluchten. Nader tot God, en Hij zal tot u naderen. Reinig de handen, zondaars, en zuiver de harten, dubbelhartigen! Besef uw ellendige staat en treur en huil. Laat uw lachen veranderd worden in treuren en uw blijdschap in droefheid. Verneder u voor de Heere, en Hij zal u verhogen.
Jakobus 4:7-10
Opnieuw zien we dat de weg naar herstel leidt door treuren, door huilen, door droefheid en door vernedering. Totdat de houding van ons hart veranderd is. Totdat we Hem echt gezocht hebben, met dezelfde houding als Jezus, om de Vader in de Hemel te behagen. Dit soort Christenen kunnen niet gestopt worden door de vijand, net zoals hij Jezus niet kon stoppen. Alle andere soorten Christenen zijn echt geen partij voor de vijand. Zij worden makkelijk verslagen, vanwege de houding van hun hart. Maar zij die het Woord van God in hun harten hebben leven, hebben op ieder gebied autoriteit. Met ieder stukje Woord dat levend in u wordt, groeit uw autoriteit.

Is niet Mijn woord zó, als het vuur, spreekt de HEERE, of als een hamer die een rots verplettert?
Jeremia 23:29

Wat heeft dit alles nu met de bruid van Christus te maken? Zoals we weten zijn er vandaag de dag vele Christenen in de wereld. Maar ze zijn feitelijk onderverdeeld in twee groepen. Zij die geleid worden door de Heilige Geest en zij die geleid worden door religie. De Geest brengt de autoriteit van Jezus; religie brengt niets van waarde. De Geest, die door de harten en levens beweegt van hen die zich door Hem laten leiden, zal het werk van de vijand stoppen. Religie zal het werk van de Heilige Geest stoppen, vanuit de houding van zelfrechtvaardiging. Daar moet ik aan toevoegen dat veel 'religieuze mensen' niet eens zien dat dit gaande is. Velen geloven echt dat ze goed bezig zijn en dat hun levensstijl acceptabel is voor God. En dan vindt de opname plaats. Opeens zijn alle door de Geest geleide mensen weg, wat iedere vorm van tegenstand voor de vijand hier op aarde zal wegnemen. Er zal dan werkelijk niets meer zijn wat de vijand stopt. Geen gebedsstrijders die in de bres staan voor hun broeders en zusters. Heel veel religieuze Christenen zullen terstond worden blootgesteld aan de komende grote verdrukking, wat ze op ruwe wijze zal doen ontwaken. In de periode die volgt zal de vijand alle macht krijgen om hen te overwinnen.

Wees dus waakzaam! Want u weet niet wanneer de heer des huizes komt, 's avonds laat of te middernacht of met het hanengekraai of 's morgens vroeg, opdat hij u niet, als hij plotseling komt, slapend aantreft. En wat Ik tegen u zeg, zeg Ik tegen allen: Wees waakzaam!
Markus 13:35-37

Waak dan te allen tijde en bid dat u waardig geacht zult worden om al die dingen die gebeuren zullen, te ontvluchten, en om te kunnen bestaan voor de Zoon des mensen.
Lukas 21:36

De Griekse vertaling zegt letterlijk: "*Wees waakzaam in ieder seizoen*". Jezus zei dat er een ontsnapping mogelijk is voor alle dingen die gaan gebeuren. En ze zullen spoedig gaan plaatsvinden. Misschien vandaag. Misschien morgen. Misschien volgende maand. We weten het niet. We weten alleen dat het op ieder moment kan gebeuren. Natuurlijk kunnen we naar excuses zoeken voor vertraging, maar feit blijft dat God altijd naar de situatie kijkt vanuit Zijn perspectief, niet die van ons. Dus terwijl u kunt denken dat de opname nog ver weg is, kan deze feitelijk zeer dichtbij zijn. Wanneer deze plaatsvindt, wat zal er dan met u gebeuren? Dat is een vraag die alleen u en God kunnen beantwoorden.

Mannen, heb uw eigen vrouw lief, zoals ook Christus de

gemeente liefgehad heeft en Zich voor haar heeft overgegeven, opdat Hij haar zou heiligen, door haar te reinigen met het waterbad door het Woord, opdat Hij haar in heerlijkheid voor Zich zou plaatsen, een gemeente zonder smet of rimpel of iets dergelijks, maar dat zij heilig en smetteloos zou zijn.
Efeziërs 5:25-27

Want het heeft de Vader behaagd dat in Hem heel de volheid wonen zou, en dat Hij door Hem alle dingen met Zichzelf verzoenen zou, door vrede te maken door het bloed van Zijn kruis, ja door Hem, zowel de dingen die op de aarde zijn als de dingen die in de hemelen zijn. En Hij heeft u, die voorheen vervreemd was en vijandig gezind, zoals bleek uit uw slechte daden, nu ook verzoend, in het lichaam van Zijn vlees, door de dood, om u heilig en smetteloos en onberispelijk voor Zich te plaatsen, als u tenminste in het geloof blijft, gefundeerd en vast, en u niet laat afbrengen van de hoop van het Evangelie, dat u gehoord hebt, dat gepredikt is in de hele schepping die onder de hemel is, waarvan ik, Paulus, een dienaar geworden ben.
Kolossenzen 1:19-23

We weten dat de Geest van God niet gemist kan worden in onze levens. De late regen die God beloofd heeft is niet voor ons plezier. Het is een noodzaak. Hoe kan de bruid anders zonder vlek of rimpel worden? Hoe kan ons hart anders veranderd worden? Hoe kunnen we anders een heilig leven leiden? Het is onmogelijk zonder de Heilige Geest. De extra maat van de Zevenvoudige Zalving wordt aan ons gegeven om de bruid van Christus voor te bereiden op dat grote moment, waarop Jezus ons komt halen. Maar zijn wij er klaar voor? Zijn wij bereid om met Hem het diepe in te springen? Zijn wij bereid om met Hem door het vuur te gaan? Dat is een vraag die u voor uzelf moet beantwoorden. Echte opwekking zal Gods volk altijd door het vuur doen gaan, om ons te reinigen. Dat kunnen pijnlijke momenten zijn. Het kan erg pijn doen om de conditie te zien waarin wij verkeren, terwijl wij al die tijd dachten dat we alles prima deden. Gods wegen zijn hoger dan onze wegen. Gods perspectief is totaal verschillend dan die van ons. Zullen we open staan voor Zijn zienswijze? Het kan diep gaan, maar het zal ons leiden naar waar we moeten zijn. En dan zal de vreugde komen. Onbeschrijfelijke vreugde. Wanneer Zijn bruid heel is gemaakt. Wanneer het hart de staat van heelheid en puurheid heeft bereikt. Laten we weer heel worden. Laten we het licht van de wereld zijn, zoals Jezus reeds zei. Laten we door het vuur gaan en op ieder moment klaar zijn.

Tot slot kunnen we onszelf natuurlijk afvragen of de titel van deze boodschap, 'de bruid van Christus wordt voorbereid', een accuraat statement is? Dat is het niet, hoewel velen het geloven. Zoals u door alle genoemde Bijbelverzen heen kunt zien, is het de bruid die zichzelf moet voorbereiden. Jezus gaat dat niet voor ons doen. Hij heeft ons slechts verteld hoe we het kunnen doen, maar het is aan ons om daar iets mee te doen. Wanneer wij echter beginnen te handelen in lijn met Gods Woord, dan zal de Heilige Geest ons gaan helpen. Aan het einde van mijn boek 'De Gezalfde Bruid', had ik het over zoiets als de Zalving in deze eindtijd. In de tijd dat Jezus hier op aarde wandelde was het een zeer algemeen gebruik dat de bruid tien procent van de bruidsschat voor zichzelf vroeg. Niet in de vorm van geld of bezittingen, maar alleen in de vorm van Zalfolie. Maar hier is tevens een sleutel. Ze moest er om vragen. Als ze niet zou vragen, dan zou ze ook niets krijgen. Zo is het ook met ons. Als wij niet vragen, dan zullen we niet ontvangen. Als wij niet zoeken, dan zullen we niet vinden. Als wij niet kloppen, dan zal de deur gesloten blijven. Wij, de bruid van Christus, moeten onszelf voorbereiden in dit seizoen van de late regen, nu het seizoen nog hier is.

Vraag de HEERE om regen ten tijde van de late regen. De HEERE maakt de onweerswolken, en Hij zal hun regen geven voor ieder gewas op het veld.
Zacharia 10:1

De late regen betekent een extra mate van de Zevenvoudige Zalving, wat ervoor zal zorgen dat we sneller kunnen groeien. Waarom? Omdat de tijd kort is. Hij kan op ieder moment komen. Maar wij moeten er achteraan gaan. Wij moeten vragen om onze tien procent van de bruidsschat. Dat is onze actie, onze verantwoordelijkheid. Jezus zal ons niet voorbereiden. De Vader en de Heilige Geest zullen ons niet voorbereiden. Wij moeten onszelf voorbereiden. Alleen dan zullen we klaar zijn voor het moment waar Jezus Zijn bruid zal komen halen.

Hij Die van deze dingen getuigt, zegt: Ja, Ik kom spoedig. Amen. Ja, kom, Heere Jezus! De genade van onze Heere Jezus Christus zij met u allen. Amen.
Openbaring 22:20-21

Maar u, geliefden, bouw uzelf op in uw allerheiligst geloof en bid in de Heilige Geest, bewaar uzelf in de liefde van God en verwacht de barmhartigheid van onze Heere Jezus Christus, tot het eeuwige leven. En ontferm u over sommigen, en ga daarbij met onderscheid te werk. Red anderen echter met vrees, en ruk hen uit het vuur. U moet ook het onderkleed haten dat door het vlees bevlekt is. Aan Hem nu Die bij machte is u voor struikelen te bewaren, en u smetteloos te stellen voor Zijn heerlijkheid, in grote vreugde, de alleenwijze God, onze Zaligmaker, zij heerlijkheid en majesteit, kracht en macht, nu en in alle eeuwigheid. Amen.
Judas 1:20-25

DE LATE REGEN IS REEDS BESCHIKBAAR

Nu de laatste Pre-Revival Night voorbij is, welke eind december 2016 heeft plaatsgevonden, hebben we een uitdaging voor ons liggen. Deze boodschap is niet gebracht tijdens één van deze avonden, maar is exclusief voor degenen die dit lezen. In onze boodschappen zijn we altijd gericht op onze eigen natie, Nederland, waar het vuur al zolang weg is geweest. Maar onthoud goed dat Gods principes universeel zijn. Al de studies die we gedeeld hebben, kunnen op iedere natie, op ieder gebied, iedere stad en iedere kerk worden toegepast.

In mijn leven ben ik nooit echt een 'opwekkingsman' geweest. Tenminste niet op de manier zoals ik nu spreek. Dat is feitelijk iets van de laatste acht jaren. Maar oppervlakkigheid heb ik altijd gehaat. Nog maar tien jaar geleden was ik net zoals de meerderheid, denkend dat een opwekking een grote hype en een geweldig evenement was. Een explosie van blijdschap, tekenen en wonderen. Dat geloof ik op zich nog steeds wel, maar ik zie het niet langer als het doel van een opwekking. Nu zie ik dat het doel verandering is. Echte verandering. Harten die volledig zijn overgegeven. Levens die volledig hersteld zijn. Alle tekenen en wonderen zijn slechts gereedschappen om daar te komen. Maar zodra we deze tot een doel gaan maken, dan missen we het punt en zal het vuur weggaan. Feitelijk is het zo dat God ons met een opwekking een grote uitdaging geeft om meer als Jezus te worden dan ooit tevoren. Niet alleen dat, Hij wil ook onderdeel zijn van die verandering, door ons alle hulp te bieden die we nodig hebben om dat doel te kunnen bereiken.

Tien jaar geleden was ik een ander persoon. Ik was toen al een heel ander persoon dan ik was voordat ik Christen werd, maar ik was nog zoals de meerderheid. Ik wilde het makkelijk. Ik wilde alleen de zegeningen, ook al was ik me daar toen niet zo van bewust. Door de genade van God stond Hij me toe om te zien. Hij daagde me uit om verder te gaan. Hij daagde me zelfs uit om iets te doen waar ik zolang doodsbang voor ben geweest: het spreken in het openbaar. Tien jaar geleden was ik geen spreker. Meer een 'ogenschijnlijk gelukkig kerklid'. Nu kan ik getuigen dat verandering mogelijk is. Ik kan ook getuigen dat verandering een proces is dat door blijft gaan. Maar wanneer we beginnen te denken, te spreken en te handelen naar het Woord van God, het Woord van Jezus, dan wordt alles mogelijk. En dat is een heel mooi iets, toch? God kijkt niet naar waar we vandaan komen, Hij kijkt waar we naartoe gaan. Misschien heeft u er een grote puinzooi van gemaakt. Misschien zelfs keer op keer. Maar wanneer wij onze zonden belijden, vanuit een oprecht verlangen in ons hart om Jezus te volgen, ongeacht wat, dan is dat wat ertoe doet voor Hem. Wanneer u gevallen bent voor zonde, ren dan niet van God weg. Verschuil u niet in uw schaamte en schuld. Maar ren naar Hem toe. U vertelt Hem toch niets wat Hij al niet weet. U presenteert Hem niets waar Hij niet mee om kan gaan. Hij houdt werkelijk van u en wil u helpen om van iedere zonde af te komen. U staat niet alleen in dit gevecht. Hij, Die uw zonde op Zich heeft genomen en voor alles heeft betaald, door Zijn offer aan het kruis, staat aan uw zijde. De enige vraag die er echt toe doet is: "Wilt u Hem nog steeds volgen?" Wanneer u die vraag met een oprecht "Ja" kunt beantwoorden, ren dan naar Hem toe en kom uw uitdagingen onder ogen, samen met Jezus. Zeker in tijden als deze, heeft het lichaam van Christus alle hulp nodig die zij kan krijgen. Inclusief uw hulp. Dus sta op, machtige strijder.

Alle dalen zullen verhoogd worden, alle bergen en heuvels zullen verlaagd worden; wat krom is, zal recht worden; wat rotsachtig is, zal tot een vlakte worden. De heerlijkheid van de HEERE zal geopenbaard worden, en alle vlees tezamen zal het

zien, want de mond van de HEERE heeft gesproken.
Jesaja 40-4-5

Deze oude belofte van God heeft z'n waarde niet verloren. Wanneer we spreken over opwekking, waar hebben we het dan over? U heeft net een aantal studies gelezen over wat God wil doen en waarom Hij het wil doen, wanneer Hij een opwekking geeft. Maar ik zag ook een heel duidelijk beeld, terwijl ik over opwekking sprak. In plaats van het 'vreugdevolle evenement' waar veel mensen op wachten, zag ik een beeld van een lichaam dat op een bed lag. Het hart was zojuist gestopt en ik zag hoe de artsen er alles aan deden om het lichaam terug op te wekken. Zoals ze dat doen bij de intensive care in het ziekenhuis. Eerst werd geprobeerd het lichaam bij bewustzijn te brengen, daarna werd er reanimatie toegepast, gevolgd door het toedienen van elektrische schokken. Totdat het lichaam terug tot leven kwam. Ik geloof dat dit Gods zienswijze is van wat een opwekking is. In plaats van het 'vreugdevolle evenement', is het meer zoiets als een laatste redmiddel. Luister, wanneer het hart faalt, dan zal al het andere ook falen! Dus wanneer we authenticiteit willen, dan moeten we eerst zorgdragen voor het hart. Ik kan niet genoeg benadrukken hoe extreem belangrijk de conditie van het hart is. Wanneer het faalt, dan faalt al het andere ook en zal het doodgaan. God wil niets minder dan ons hele hart hebben. Niets minder. Als ons hart er niet in betrokken is, dan zal alles wat u doet voor niets zijn.

Het woord van de HEERE kwam tot mij: Mensenkind, zeg tegen het land: U bent een land dat niet gereinigd is, dat zijn regen niet heeft gekregen op de dag van de gramschap.
Ezechiël 22:23-24

Wat betekent dat? De regen is een beeld van de Heilige Geest. Dat is de reanimatie van het beeld dat ik zag ook. De Bijbel maakt het zeer duidelijk dat wanneer de regen niet komt, dat het land dan NIET gereinigd is. Wanneer het land niet gereinigd is, dan zal Gods oordeel het enige alternatief zijn.

Wanneer de reanimatie niet wordt toegepast, dan zal het hart falen en stoppen. Wij hebben de Heilige Geest nodig. Meer dan ooit tevoren. Maar laat me nu een openbaring met u delen. De regen waar we allemaal op wachten is reeds beschikbaar. Bent u al geschokt? Het seizoen is al hier. Nu begint u zich waarschijnlijk af te vragen of u het gemist heeft. De volle maat van de vroege regen (of letterlijk: de gebruikelijke regen) wacht op ons in de Hemelse voorraadkamers. De volle maat van de late regen (of letterlijk: de extra maat regen) wacht op ons in de Hemelse voorraadkamers. Maar wie gaat er achteraan? Wie gaat het halen? Dat zijn een hoop vragen, maar het is niet mijn taak om u van 'kant en klaar voedsel' te voorzien, zoals zovelen gewend zijn. Met name in de westerse wereld, zoals Europa en Amerika. Het is wel mijn taak om u wakker te maken en om u zelf te laten denken, in plaats van blindelings afhankelijk te zijn van geestelijke leiders. Want waar heeft dat tot nu toe toe geleid? Woedt het vuur reeds door uw kerk, stad, regio of natie? De meerderheid van de kerk heeft niets. Geen vuur. Geen kracht. Geen autoriteit. Ik luister niet naar lege woorden, want woorden zijn betekenisloos wanneer er geen actie bij betrokken is. Ik kijk naar vruchten. Het is ongelofelijk dat men tegenwoordig 20, 30, 40 of 50 jaar in de kerk kan doorbrengen, zonder dat er ook maar iets veranderd is vanaf het moment dat men daar kwam, of met alleen een aantal minimale veranderingen. En hoe zit het met uw hart? Luister, ik veroordeel u niet. Ik weet dat dit een leerproces is en dat u alleen iets kunt leren wanneer iemand u hierover onderwijst. Ik probeer u wakker te maken, zodat u weer zelf gaat denken. Zodat u zelf op zoek gaat naar antwoorden. Zodat u God gaat vragen om meer. Want we hebben mensen nodig die in eenheid op willen staan en God gaan vragen om de overgebleven ruïnes te herstellen. We hebben vuur nodig. We hebben kracht nodig. We hebben autoriteit nodig. We moeten verder groeien, van een makkelijke prooi voor de vijand, naar een positie waar die rollen worden omgekeerd, door de overwinnende kracht van Jezus Christus.

Maar wie de HEERE verwachten, zullen hun kracht vernieuwen, zij zullen hun vleugels uitslaan als arenden, zij zullen snel lopen en niet afgemat worden, zij zullen lopen en niet moe worden.
Jesaja 40:31

Veel Christenen krijgen dit bekende Bijbelvers voorgehouden. Met de boodschap om maar gewoon op God te wachten. Hoe kunnen de vroege en de late regen dan al beschikbaar zijn? Als dat waar is, waarom vertelt dit vers ons dan om te wachten? Dit vers was nooit bedoeld om u te leren om alleen maar te wachten. Wat ik bedoel is dat dit vers maar al te vaak beroofd is van de ware betekenis. De meerderheid van de kerk hebben dit vers de volgende betekenis gegeven: "Zij die passief op de HEERE wachten...". En dat is nu precies waarom er nooit iets gebeurt. Dat is waarom er zo'n enorm verlies van kracht is. Dat is waarom niemand opstijgt met vleugels als van arenden. Dat is waarom iedereen moe en afgemat wordt. Omdat we passief zijn geworden. Het wachten waar dit vers op doelt spreekt over een actieve vorm van wachten. Het is wachten met een verwachting. Het is wachten om uit te stappen, totdat u de regen heeft ontvangen. Maar ondertussen, terwijl we wachten, gaan we niet lekker onderuit hangen en niets doen. Feitelijk geeft de Bijbel zelfs een zeer duidelijke instructie van hoe we de regen kunnen krijgen.

Wanneer Mijn volk, waarover Mijn Naam is uitgeroepen, in ootmoed buigt en bidt, en zij Mijn aangezicht zoeken, en zij zich bekeren van hun slechte wegen, dan zal Ík vanuit de hemel horen, hun zonden vergeven en hun land genezen.
2 Kronieken 7:14

Dat is niet onderuit gezakt zitten en niets doen. Het is verre van dat. Het betekent dat wij de eerste stap moeten nemen, voordat God bereid is om het over te nemen. Wij moeten onszelf vernederen. Wij moeten bidden en Zijn aangezicht zoeken. Wij moeten ons bekeren van onze slechte wegen. Dan zal Hij uit de Hemel horen, onze zondes vergeven en ons land herstellen. Meer nog zelfs! De belofte die volgt is net zo indrukwekkend.

Nu zullen Mijn ogen open zijn, en Mijn oren opmerkzaam zijn op het gebed van deze plaats.
2 Kronieken 7:15

Dit laat zien dat God Zijn ogen sluit en niet opmerkzaam luistert wanneer wij bidden, totdat we bereid zijn om op dit punt te komen, waar we gaan van passief wachten naar actief wachten, terwijl we doen wat Hij ons opgedragen heeft. Het standaard antwoord is gewoonlijk: "Ja maar Jezus heeft al afgerekend met zonde". Dat heeft Hij zeker. Maar alleen voor degenen die het toegeven. Niet voor hen die hun zonden rechtvaardigen. Het Woord zegt dat als wij onze zonden belijden, dat betekent dus het toegeven en erkennen als zonde, dat Hij onze zonden dan zal vergeven (Lees 1 Johannes 1:8-10). In ieder ander geval zullen uw zonden tegen u gehouden worden, net zoals met de Schriftgeleerden en Farizeeën. God benadrukte deze kwestie door de mond van de profeet Hosea.

Ik, Ik verscheur en ga; Ik sleep weg en er zal geen redder zijn. Ik ga en keer terug naar Mijn woonplaats, totdat zij zich schuldig weten en Mijn aangezicht zoeken. In hun benauwdheid zullen zij Mij ernstig zoeken.
Hosea 5:14b-15

God maakt zeer duidelijk dat Hij Zich zal afkeren wanneer wij onze zonden ontkennen. Wanneer we onszelf rechtvaardigen. Hij maakt ook duidelijk dat er dan niemand zal zijn om ons te redden. Zelfs Jezus niet. Dan zal Zijn oordeel over ons komen. Met welk doel? Om ons wakker te maken voor de realiteit waarin we ons bevinden. Om ons te laten zien dat Zijn hand niet langer met ons is. Om ervoor te zorgen dat we Zijn aangezicht weer gaan zoeken. Om ons op het punt te brengen waar we bereid zijn om onze zonden te belijden en te erkennen. Totdat onze houding wijzigt van zelfrechtvaardiging naar dit...

Kom, laten wij terugkeren naar de HEERE, want Hij heeft
verscheurd, maar Hij zal ons genezen; Hij heeft geslagen,
maar Hij zal ons verbinden. Na twee dagen zal Hij ons levend
maken, op de derde dag zal Hij ons doen opstaan en zullen wij
voor Zijn aangezicht leven. Dan zullen wij kennen, wij zullen
ernaar jagen de HEERE te kennen! Zijn verschijning staat vast
als de dageraad. Ja, Hij komt naar ons toe als de regen, als late
regen, die het land natmaakt.
Hosea 6:1-3

Zijn wij er zo slecht aan toe? Is de kerk er zo slecht aan toe? Kijk
om u heen en zie. Waar is de kracht? Waar is het vuur? Denkt u
dat die paar wonderen, die her en der gebeuren, de kracht zijn
waar God over spreekt? Het is slechts een fractie. Een kruimel
van de tafel. De regen en de late regen zijn beschikbaar. Nu.
Maar wie gaat er achteraan? Wie is bereid om te doen wat er
gedaan moet worden? Er zijn slechts een paar mensen voor
nodig. Zelfs wanneer één persoon op zou staan, dan zou het al
een verschil maken. Op sommige plaatsen in de wereld gebeurt
het al. Is onze natie de volgende? Dat is volledig aan ons. Door
heel het Woord heen kunnen we zien wat de hartsroep en het
hartsverlangen van God is, om Zijn volk te herstellen. Om Zijn
kerk op te wekken. Het is dus glashelder wat Zijn intenties
zijn.

Ik zocht naar iemand onder hen die een muur kon optrekken en
voor Mijn aangezicht in de bres kon staan voor het land, zodat
Ik het niet te gronde hoefde te richten, maar Ik vond niemand.
Ezechiël 22:30

In de verzen hierna kunnen we lezen hoe God Zijn oordeel
uitstort. En dat terwijl er maar één persoon nodig was. Slechts
één. We kijken altijd naar de opwekkingen van het verleden en
naar de geweldige dingen die daar zijn gebeurd. Daar is niets
mis mee, want het zijn geweldige getuigenissen. Maar iedere
opwekking is hiermee begonnen. Met biddende mensen. Met
mensen die bereid waren om op de bres te gaan staan, voor

Zijn aangezicht, namens hun natie. Geen van die opwekkingen zou ooit plaats hebben gevonden als er geen biddende mensen zouden zijn gevonden.

Hoe zit het met de situatie in uw kerk? In uw stad? In uw regio? In uw natie? Kan de Heer een biddend persoon vinden? Of zal het zo eindigen als in Ezechiël 22 staat omschreven? Het is aan ons. De volgende stap is aan ons. De regen en de late regen zijn nu beschikbaar. Dus laten we ons passieve wachten inruilen voor actief wachten, terwijl we de zonden van deze natie belijden, terwijl we onszelf vernederen en Zijn aangezicht zoeken. In deze kwestie zijn de belangrijkste sleutels doorzettingsvermogen en uithoudingsvermogen. Zij die doorzetten en uithouden, zullen de belofte zien. Hoe houden we vast aan ons geloof, terwijl we hier achteraan gaan? Door onszelf eenvoudig de volgende vraag te stellen: "Is God trouw?" Als u die vraag met "Ja" kunt beantwoorden, dan moet u zichzelf daar steeds aan blijven herinneren wanneer het moeilijk begint te worden. U geeft niet op. U geeft nooit op. Het zal meer kosten dan slechts een simpel gebed. Het zal toewijding en overgave kosten. U moet uw hart er op zetten. Het moet een waar verlangen worden. God wil zien of het u menens is. U kunt op allerlei gebieden de nodige tegenstand gaan verwachten, maar een echte strijder zal nooit stoppen. Op een bepaald moment, en dat kan sneller zijn dan u verwacht, dan zal het komen. Met volle kracht. Vanaf dat moment zal niets meer hetzelfde zijn.

ANDERE BOEKEN VAN ROBIN PRIJS

NOOIT MEER LEVEN IN DE LEUGEN

Dit is een waargebeurd verhaal zoals je waarschijnlijk nog nooit gehoord hebt. Geboren en getogen in een Christelijk gezin groeide Robin op in de kerk en hoorde alles over het evangelie. Toch begon hij in zijn tienerjaren een zoektocht naar het occulte, wat ertoe leidde dat hij zijn leven aan satan zou geven. Gevangen in een leven van leugens, verwoesting en zonde, dreef dit hem naar het punt waar hij zelfmoord wilde plegen. Tot hij Jezus ontmoette. Hij besloot zijn leven om te keren en begon Jezus te volgen, maar de strijd was nog lang niet voorbij.

In dit boek neemt Robin je mee op reis door zijn leven, door goed en kwaad, waarbij hij zijn fouten en mislukkingen deelt op een manier zoals je vandaag de dag maar zelden ziet. Geen politieke correctheid, geen schone schijn, maar een echte en kwetsbare man die te maken heeft met echte strijd. Van gepest worden in zijn kindertijd, naar een leven van haat en wrok, naar het volgen van Jezus. Van het volgen van Jezus, naar het terugvallen in zonden, naar weer opstaan, naar weer vallen, naar weer opstaan. De strijd was enorm en de worsteling immens. Terwijl hij over zijn falen deelt, deelt hij ook de lessen die hij hieruit heeft geleerd, wat inzicht geeft in de manier waarop de vijand je probeert te verstrikken en hoe je jezelf ertegen kunt wapenen.

Ook al kwam hij uit een leven van vernedering, geslagen worden, bespuugd worden, opgelicht worden en afgewezen worden, toch koos hij voor een leven van vergeving en liefde. Zoals je zult zien was dat niet bepaald makkelijk. Het had niets te maken met hoe hij zich voelde. Er is nog steeds een God Die redt, geneest, bevrijdt en herstelt. Het Bloed van Jezus heeft zijn kracht niet verloren. Vrijheid ligt binnen bereik.

DE GEZALFDE BRUID

In dit krachtige boek beantwoordt de auteur alle vragen die u heeft over het gebruik van de Zalfolie en de Zalving. Veel Christenen geloven dat het gebruik van Zalfolie, als ze het al gebruiken, alleen bestemd is voor de zieken en de stervenden. Het is moeilijk om ze dat kwalijk te nemen, want vrijwel de gehele kerk heeft dit eeuwenlang geloofd. Maar het is verre van de waarheid. Door het hele Oude Testament, door het Nieuwe Testament en in de eerste eeuwen van de vroege kerk, Zalfde iedereen zichzelf op dagelijkse basis, als een profetische daad. Het was een heel normaal deel van het Christelijk leven. Dat is het nog steeds. De mensen namen hun persoonlijke Zalfolie mee naar de wekelijkse eredienst. De leiders baden er een zegen over en iedereen nam het vervolgens weer mee terug naar huis, voor hun dagelijkse persoonlijke Zalving. Dit was de tijd toen de kerk nog wel kracht, tekenen en wonderen had. Niet nu en dan, maar continu. Het was de tijd toen de Heilige Geest nog op krachtige wijze kon bewegen. Totdat religie daar een einde aan maakte.

Niet veel mensen realiseren zich dat wanneer we over Jezus Christus spreken, dat we dan spreken over Jezus de Gezalfde, wat de vertaling is van Zijn Naam. Wanneer we spreken over de Zalving, dan spreken we over de bekrachtiging met Zijn kostbare Heilige Geest. Dus dit is een boek over Jezus. Er zijn bijna 1000 Bijbelverzen die spreken over de Gezalfde, de Zalving en de Zalfolie. Het is duidelijk dat God hier iets mee te zeggen heeft.

Als u van een radicaal gepassioneerd leven voor Jezus houdt, dan zult u dit boek geweldig vinden. Op dit moment is dit waarschijnlijk het meest gedetailleerde boek over de Zalving en de Zalfolie, waarin een hoop schatten gevonden kunnen worden. Dit boek zal alle mysteries rond de Zalving en de Zalfolie beantwoorden. Van het gebruik in de natuurlijke wereld tot de bovennatuurlijk Geestelijke Zalving. U zult leren over hoe en wanneer het gebruik van Zalfolie toe te passen, over de diverse soorten natuurlijke en Geestelijke Zalvingen en over waar het allemaal voor staat. Het gaat allemaal om uw geloof in de trouw van Jezus Christus.

Dit boek zal u kennis en inzicht geven die eeuwenlang verloren is geweest. Het schrijven van dit boek was verre van makkelijk voor de auteur. Hij moest diep graven om alle antwoorden te kunnen vinden, waarbij hij terugging in de geschiedenis, door historische documenten te doorzoeken, en door deze te vergelijken met het Woord van God. Met de hulp van de Heilige Geest is er een hoop kennis en inzicht herontdekt. Nu kunt ook u de krachtige waarheid over de Zalving en de Zalfolie ontdekken.

HET HERSTEL VAN GODS VOLK

Het hart van God bevat geen enkel verlangen naar de vernietiging van de mens. Zijn liefde voor ons heeft zo'n diepte en breedte, dat het niet gemeten kan worden. Maar het kan wel begrepen en gegrepen worden, zoals het Woord duidelijk zegt in Efeziërs 3. Het prachtige hart van God heeft een diep verlangen naar de redding, genezing, bevrijding en het herstel van de mens. Dat verlangen komt tot uitdrukking in alles wat Hij voor ons doet, maar met name in het enorme offer van Zijn Zoon, Jezus Christus. Zijn geliefde Zoon werd veracht en verworpen door de mens, gemarteld en gekruisigd om onze ongerechtigheden. Door dat offer werd Zijn genade voor ons vrijgezet. Nu kunnen wij vrij zijn van de grip van zonde. Volkomen vrij.

Er is genade en vergeving, rust voor de vermoeide en hoop voor de gebrokenen van hart. In dit proces van herstel gaat het over het vinden wie wij zijn. Wanneer onze harten werkelijk zijn geopend voor God, dan is het eerste wat ons zal opvallen de vleselijke natuur van ons hart en alles wat daarin leeft. Die openbaring is verre van prettig, maar nodig. Ten eerste omdat het ons de noodzaak tot verandering laat zien. Ten tweede omdat het ons de werkelijke waarde van Zijn genade voor ons zal openbaren. Wanneer wij weten wat Hij ons precies vergeven heeft, dan zullen wij de waarde van Zijn genade begrijpen, en vanwege die openbaring zullen wij dan ook in staat zijn om Zijn liefde voor ons te begrijpen.

We kunnen proberen om onze wegen te veranderen, maar we zullen daar nooit in slagen, zolang de wortel van het probleem nog intact is. Die wortel is ons eigen hart. We hebben allemaal de neiging om onszelf eerst perfect en onberispelijk te maken, voordat we Zijn aanwezigheid binnengaan. We willen Hem een leven aanbieden dat Hem behaagt. Maar dat is een denkfout. U bent niet in staat om uw hart te veranderen. Alleen het Woord van God kan en zal dat doen. U bent nu al geaccepteerd en geliefd door uw Schepper. Wanneer de Bijbel spreekt over bekering, dan spreekt het niet over uw pogingen om zo hard mogelijk uw best te doen om niet meer te zondigen. Het spreekt over het veranderen van uw manier van denken. Het is uw denken dat in lijn moet worden gebracht met het Woord van God. Alleen het Woord van God heeft de kracht om u van binnenuit te veranderen. Dat is het soort verandering dat blijvend is en u zal leiden naar het herstel dat Hij beloofd heeft.

Alle boeken zijn verkrijgbaar via Love-Unlimited.nl, maar ook via Zalving.nl, Bol.com, Amazon, Barnes & Noble en diverse lokale boekhandels.

OVER LOVEUNLIMITED

Door het hele Woord van God kunnen we altijd zien hoe God de minste koos, de onwaarschijnlijke mensen, de bange mensen, de zwakke mensen, de hopeloze mensen en de mensen die nooit door een meerderheid gekozen zouden worden. En Hij maakte geloofshelden van hen, Hij maakte ze grote strijders en overwinnaars. Niet omwille van wie zij waren, maar omwille van wie Hij is. Dat is Zijn identiteit, Zijn naam en Zijn kracht, die door de harten en levens van deze mensen heen heeft gewerkt. Vandaag de dag werkt God nog precies hetzelfde. Er is dus niets mis mee om op een plaats van zwakte te zijn en op een plaats waar uw eigen mogelijkheden en vaardigheden ten einde komen. Want dat is de perfecte plaats voor God om het over te nemen. Dat is de plaats waar de echte kracht van start gaat.

Wanneer we door dalen, door pijn, door verliezen, door verdriet, door vernedering, door beschaming, door wanhoop en door sterven aan onszelf gaan, op onze weg naar de top van de berg, dan moeten we ons altijd de waarheid voor ogen houden: God is trouw. Altijd en overal. Zijn volledig Woord is waar. Altijd en overal. Zelfs als we nog niets met onze natuurlijke ogen kunnen zien. Zelfs wanneer het leven pijn doet. U bent geen uitzondering. Hij was, is en zal altijd trouw aan u zijn. Zijn Woord zal nooit veranderen. En als Zijn Woord nooit verandert, dan zal de uitkomst van uw leven gegarandeerd zijn. Nimmer zal het eeuwig woord des Heren falen. Ongeacht de situatie waar u nu in zit. Houd uw ogen gericht op Jezus. De vijand zal komen om te proberen uw focus van Jezus weg te roven. Hij zal proberen om uw focus te richten op uw omstandigheden, op uw verliezen en op alles wat er verkeerd is gegaan in uw leven. En soms slaagt hij erin dat voor elkaar te krijgen. Maar zoals ik al eerder zei, ook de rechtvaardigen vallen. Maar het verschil is dat de rechtvaardigen altijd weer opstaan. Het is nog niet te laat. Als uw focus op dit moment niet op Jezus gericht is, dan nodigt Jezus u uit om weer op te staan en om op Hem te zien. U zult altijd in de richting van uw focus bewegen. Hoe vestigt u uw blik weer op Hem? Begin weer te bidden, aanbid Hem en besteed tijd in Zijn Woord. Laat Hem Zijn kracht vrijzetten in uw leven. Die kracht zal niet uw omstandigheden veranderen, maar het zal beginnen om u te veranderen. En wanneer u begint te veranderen, dan zullen uw omstandigheden ook gaan veranderen.

Het grootste getuigenis, ten opzichte van Jezus Christus, waren niet de tekenen en wonderen. Het waren de levens die veranderd werden. En dan heb ik het over echte verandering. Het soort verandering dat opgemerkt kan worden door vrienden, familie en iedereen die u kent. Het is het getuigenis "Jezus heeft mij veranderd", terwijl iedereen ook in staat is om dat te zien en te bevestigen. God is nooit veranderd. Jezus is nooit veranderd. Dat is nog steeds het grootste getuigenis van allemaal. Het is enorm. Verandering zal misschien niet binnen een dag komen, maar het zal komen wanneer we onze ogen gericht houden op Jezus. Wat mijn leven en bediening betreft, het is mijn hoop, verlangen en gebed dat dit getuigenis de grootste vrucht van allemaal mag zijn. Echte verandering. Harten die volledig aan Jezus zijn overgegeven. Levens die volledig hersteld zijn. Dat is het doel van mijn leven, dat is het doel van LoveUnlimited.

Als u meer wilt weten over deze bediening of ons wilt leren kennen, dan nodigen wij u uit om onze website te bezoeken via:

www.love-unlimited.nl